Michaela Sambanis

Französisch
in der Grundschule – leicht gemacht

Unterrichtsvorschläge und Kopiervorlagen für den Fremdsprachenunterricht in der Primarstufe

 Auer

Im vorliegenden Werk werden folgende Abkürzungen verwendet:

SuS = Schülerinnen und Schüler
S. = Schülerin/Schüler
L. = Lehrerin/Lehrer

- Autorin und Hg.:
  Univ.-Prof. Dr. Michaela Sambanis (Freie Universität Berlin)

- Mitarbeit und Beratung:
  Prof. Dr. Hugo Blank, Nina Best, Kerstin Pickert, Jana Quinte, Andrea Stransky, Marilyne Moritz, Laura Wendland

- Zeichnungen:
  Hanna Petermann, Nuray Pala, Andrea Stransky, Michaela Sambanis

- Notensatz:
  Hugo Blank

- Die Stundenentwürfe basieren auf Unterrichtssimulationen, die in den Seminaren der Herausgeberin veranstaltet wurden. Zahlreiche Studierende der PH Karlsruhe haben so Anregungen zu den Stundenbildern gegeben, u. a. I. Gotter, Y. Hey, K. Huber, I. Hupfer, U. Jasluski, E. Kalb, D. Kiefer, F. Kreiser, N. Krieger, M. Krumbein, C. Latt, N. Lubba, V. Marnette, J. Schlenkrich, M. Schlimm, R. Schöntag, H. Seemann, A. Speck, C. Stang, M. Zeller

In diesem Werk sind nach dem MarkenG geschützte Marken und sonstige Kennzeichen für eine bessere Lesbarkeit nicht besonders kenntlich gemacht. Es kann also aus dem Fehlen eines entsprechenden Hinweises nicht geschlossen werden, dass es sich um einen freien Warennamen handelt.

5. Auflage 2024
© 2007 Auer Verlag, Augsburg
AAP Lehrerwelt GmbH
Alle Rechte vorbehalten.

Das Werk als Ganzes sowie in seinen Teilen unterliegt dem deutschen Urheberrecht. Der*die Erwerber*in der Einzellizenz ist berechtigt, das Werk als Ganzes oder in seinen Teilen für den eigenen Gebrauch und den Einsatz im eigenen Präsenz- oder Distanzunterricht zu nutzen.

Produkte, die aufgrund ihres Bestimmungszweckes zur Vervielfältigung und Weitergabe zu Unterrichtszwecken gedacht sind (insbesondere Kopiervorlagen und Arbeitsblätter), dürfen zu Unterrichtszwecken vervielfältigt und weitergegeben werden. Die Nutzung ist nur für den genannten Zweck gestattet, nicht jedoch für einen schulweiten Einsatz und Gebrauch, für die Weiterleitung an Dritte einschließlich weiterer Lehrkräfte, für die Veröffentlichung im Internet oder in (Schul-)Intranets oder einen weiteren kommerziellen Gebrauch. Mit dem Kauf einer Schullizenz ist die Schule berechtigt, die Inhalte durch alle Lehrkräfte des Kollegiums der erwerbenden Schule sowie durch die Schüler*innen der Schule und deren Eltern zu nutzen. Nicht erlaubt ist die Weiterleitung der Inhalte an Lehrkräfte, Schüler*innen, Eltern, andere Personen, soziale Netzwerke, Downloaddienste oder Ähnliches außerhalb der eigenen Schule. Eine über den genannten Zweck hinausgehende Nutzung bedarf in jedem Fall der vorherigen schriftlichen Zustimmung des Verlags.

Sind Internetadressen in diesem Werk angegeben, wurden diese vom Verlag sorgfältig geprüft. Da wir auf die externen Seiten weder inhaltliche noch gestalterische Einflussmöglichkeiten haben, können wir nicht garantieren, dass die Inhalte zu einem späteren Zeitpunkt noch dieselben sind wie zum Zeitpunkt der Drucklegung. Der Auer Verlag übernimmt deshalb keine Gewähr für die Aktualität und den Inhalt dieser Internetseiten oder solcher, die mit ihnen verlinkt sind, und schließt jegliche Haftung aus.

Autor*innen: Michaela Sambanis
Covergestaltung: metamedien | Werbung und Mediendienstleistungen, Burgau
Illustrationen: Thorsten Trantow, Herbolzheim
Satz: tebitron gmbh, Gerlingen
Druck und Bindung: Druckerei Joh. Walch GmbH & Co. KG
ISBN 978-3-403-**03895**-5

www.auer-verlag.de

Inhalt

Einleitung 4

Spiele und spielerische Übungsformen 8

Stundenverläufe

1. In der Schule
Sich vorstellen – *Je m'appelle*	Klasse 1/2	10
Die Farben – *Le poisson noir*	Klasse 1/2	13
Zahlen und Farben – *Dans la trousse*	Klasse 1/2	17

2. Mein Körper
Mein Körper – *Le corps*	Klasse 1/2	20
Krank sein – *Avoir mal*	Klasse 1/2	23
Bedürfnisse äußern – *J'ai soif, j'ai faim, …*	Klasse 1/2	27
Kontrastive Adjektive	Klasse 2	30

3. Familie und Freunde
Meine Familie – *Ma famille*	Klasse 1/2	35
Meine Freunde – *Mes amis*	Klasse 1/2	38

4. Tiere
Auf dem Bauernhof – *À la ferme*	Klasse 1/2	42

5. Meine Spielsachen
Meine Spielsachen – *Mes jouets*	Klasse 1/2	46
Welche Spielsachen magst du? – *Aimer/ne pas aimer*	Klasse 1/2	51

6. Kultur entdecken
Wir schmücken den Weihnachtsbaum – *Décorer le sapin de Noël*	Klasse 1/2	55
Weihnachten in Frankreich – *Noël en France*	Klasse 3	58

7. Essen und Trinken
Nahrungsmittel – *La petite chenille*	Klasse 3	62

8. Jahr und Kalender
Sportarten und Jahreszeiten – *Les saisons*	Klasse 4	66
Die Monate – *Les mois*	Klasse 4	71
Einführung in die Vergangenheit – *Passé composé* mit *avoir*	Klasse 4	76
Der Winter – *L' hiver*	Klasse 4	81

9. Einkaufen
Einführung in die Verneinung – *J'achète… et je n'achète pas…*	Klasse 4	86

10. Unterwegs
Nach dem Weg fragen – *Demander le chemin*	Klasse 4	91
Unterwegs – *En route*	Klasse 4	97

11. Miteinander essen
Essen in Frankreich – *À table!*	Klasse 4	100

Anhang: Liedersammlung

Einleitung

Aufbau des Werkes

Das vorliegende Buch bietet konkrete Vorschläge zur Planung des Unterrichts in Form von Verlaufsplänen, die entweder wie vorgegeben umgesetzt werden können oder als Fundgrube dienen, aus der sich einzelne Anregungen für die Unterrichtsgestaltung entnehmen lassen. Neben den in den Verlaufsplänen empfohlenen Liedern, Reimen und Spielen schließt sich eine umfangreiche Liedersammlung an das Werk an, die jederzeit ergänzend eingesetzt werden kann.

Die einzelnen Stundenentwürfe wurden von Lehrerinnen und Lehrern sowie von Studierenden der Pädagogischen Hochschule Karlsruhe entwickelt und erprobt, um Lehrerinnen und Lehrern nicht nur hilfreiche Unterrichtsideen an die Hand zu geben, sondern auch die Suche nach geeigneten Kopiervorlagen und Arbeitsblättern zu erleichtern. Diese sind im Fremdsprachenunterricht in der Primarstufe von großer Bedeutung und können zudem auch für stille Arbeitsphasen oder zur Differenzierung genutzt werden.

Für die Klassen 3 und 4 enthalten die Unterrichtsvorschläge oftmals Wortkarten, die ebenso wie die Bildkarten vergrößert oder auf Folie kopiert werden können.

Die vorliegenden Materialien können auch als Ergänzung zu einem Lehrwerk eingesetzt werden.

Außerdem lassen sich Stundenentwürfe, die hier für die Klassen 1 und 2 empfohlen werden, bei einem späteren Beginn des Fremdsprachenunterrichts auch in Klasse 3 und 4 als Impulse verwenden.

Einige Impulse zur Gestaltung des Unterrichts

Kinder im Grundschulalter beteiligen sich in der Regel mit großer Freude an anregenden, gemeinschaftlichen Interaktionen. Diese können im Französischunterricht auch im Anfangsunterricht schon so gestaltet werden, dass die Kinder aktiv teilhaben können und zugleich kontextualisierten sprachlichen Input erhalten. Die Neugier der Kinder soll geweckt, das gemeinschaftliche Erleben gefördert und sprachliches Lernen ermöglicht werden. In dem Wunsch der Kinder nach Partizipation und Teilhabe an gemeinschaftlichen Aktivitäten, in ihrer Lust auf Erfolgserlebnisse liegt eine große Chance, die Begegnung mit der ersten Fremdsprache in der Schule zu einem positiven Erlebnis zu machen, mit dem der Grundstein für das Lernen der französischen und weiterer Sprachen gelegt wird.

Hören und Sprechen

Dem Hören, Hörverstehen bzw. Hör-Seh-Verstehen kommt eine Schlüsselrolle zu: Diese Kompetenz bildet das Fundament, auf das sich alle anderen Kompetenzen stützen. Gelingt es den Kindern in sprachlichen Interaktionen nicht, sich anhand von Schlüsselwörtern und -wendungen sowie durch die Deutung über- und außersprachlicher Zeichen den Sinn zu erschließen, ist eine aktive Teilhabe kaum möglich und Misserfolgserlebnisse drohen. Haben Kinder Schwierigkeiten beim Hören und Verstehen, ist später auch die Auseinandersetzung mit der symbolischen Ebene der Schrift sowie das Lesen in der Regel eine deutlich größere Hürde für die jungen Lerner. Die Liste der Beispiele, die die Bedeutung dieses Kompetenzbereichs unterstreicht, ließe sich erweitern.

Für den Französischunterricht in der Grundschule lässt sich aus der Relevanz des Hörens für sprachliche Lernprozesse u. a. Folgendes schließen:

Die Rolle des Hörens – sowohl das Verarbeiten von Lauten und melodischen Merkmalen der Fremdsprache als auch die Zuordnung von Lautgestalt und Bedeutungsgehalt – ist nicht zu unterschätzen und stellt eine große Herausforderung für die Kinder dar. Erfahrene Fremdsprachenlerner vergessen oftmals, wie schwierig es besonders in Anfangsstadien war, sich in der fremden Klanglandschaft zu orientieren und Elemente wiederzuerkennen bzw. herauszufiltern. Die Lehrerinnen und Lehrer sollten die Schüler unterstützen und reichlich Gelegenheit geben, sich mit der Klanggestalt der neuen Sprache sowie mit dem Bedeutungsgehalt und der Leistung neuer sprachlicher Einheiten vertraut zu machen. Dies geschieht in ansprechenden, klaren und besonders zu Beginn des Lernprozesses vielfach noch sehr überschaubaren, ritualisiert verwendeten Kontexten. Phasen des Nachsprechens im Schutz der Gruppe (Chorsprechen) unterstützen die Auseinandersetzung mit sprachlichen Inhalten, da über die eigenen Sprechversuche die Motorik eingebunden wird. Motorische Zugänge können das Verarbeiten und Speichern von Sprache stützen.

Die Lehrerin/Der Lehrer sollte die Kinder nicht zum Sprechen zwingen – besonders nicht alleine vor der gesamten Klasse, extravertierten Kindern sollten aber freiwillige Spontanwiederholungen oder -äußerungen keinesfalls verboten werden, denn manche Kinder lernen gerade auf diesem Wege oder versichern sich einfach gerne zurück. Stets sollten nach einer intensiven Hörphase verschiedene Möglichkeiten angeboten werden, sich am Sprechen zu beteiligen: scheue Kinder dürfen leise sprechen und brauchen nicht einzeln zu repetieren, mutigere dürfen sich alleine äußern oder sie suchen sich einen Partner zum gegenseitigen Austausch. Es gibt im Fremdsprachenunterricht viele Abstufungen zwischen Sprechen und Schweigen!

Bei der Aufforderung zum Nachsprechen bietet es sich an, immer mit der gesamten Klasse zu beginnen, denn hier kann der Einzelne im Schutze der Masse mehr wagen! Erst danach sollte die Teilung in Kleingruppen erfolgen.

Eine wiederholte Begegnung mit sprachlichen Mitteln ist ratsam, damit das kindliche Gehirn zum einen den Hinweis erhält, dass das Gehörte tatsächlich relevant ist, und zum anderen die Möglichkeit bekommt, sich beim Aufbau der inneren Repräsentation rückzuversichern und Klarheit zu erlangen. Nachdem sich ein Kind eine innere Repräsentation von einer sprachlichen Erscheinung aufbauen konnte, kann es seine Hypothesen zum möglichen Gebrauch des Wortes bzw. der Wendung erweitern. Dieser Prozess des Auslotens der kommunikativen Leistung von Wörtern und Wendungen wird unterstützt, wenn das Kind die sprachlichen Einheiten dann zunehmend aktiv selbst verwenden und in variablen Kontexten ausprobieren kann, wann und zu welchen kommunikativen Zwecken das Gelernte genutzt werden kann.

Um den Kindern Gelegenheit zur Aufnahme neuer sprachlicher Einheiten zu geben, müssen diese Einheiten wiederholt angeboten werden: Tatsächlich benötigt ein Mensch mindestens eine fünf- bis achtmalige Repetition, um neues Sprachmaterial speichern zu können. Solche Phasen des konzentrierten Hörens sind für Kinder aber nur ansprechend, wenn sie sich selbst am Unterrichtsgeschehen beteiligen können, und zwar zunächst durch non-verbale Reaktionen. Die Kinder „antworten" also, indem sie die Ausdrucksseite des Körpers miteinbeziehen, zum Beispiel durch entsprechende Mimik oder Gestik (TPR). Neues Sprachmaterial sollte daher so angeboten werden, dass es mit einem Handlungsimpuls für die Kinder verknüpft ist, der ohne Rückgriff auf die Sprache ausgeführt werden kann. Zugleich erlaubt dies der Lehrerin/dem Lehrer, wiederholend zu sprechen, ohne die Kinder zu langweilen.

Es lässt sich mit TPR-Maßnahmen auch recht gut bei der Wiederaufnahme von Themen arbeiten, ebenso können sie zum Zwecke der Lernzielkontrolle eingesetzt werden. Hierzu finden sich in diesem Buch bei einigen Stundenbildern Arbeitsblätter, die nach dem *cut-out*-Verfahren verwendet werden können: Diese Vorlagen bestehen aus einem Bild in der Mitte, das auf den thematischen Hintergrund verweist, und einer Randbestückung aus einzelnen Bildern. Die Arbeitsblätter werden im Sinne des TPR-Prinzips eingesetzt, denn die Lehrerin/der Lehrer benennt nun der Reihe nach die Gegenstände aus der Randbestückung. Einige Gegenstände gehören zum Thema, andere aber passen nicht. Letztere müssen von den Schülerinnen und Schülern durchgestrichen oder besser weggeschnitten werden. Durch das Herausschneiden erhält das Arbeitsblatt eine bestimmte Form, durch die das Material auch autokorrektiv eingesetzt werden kann.

Neuere Erkenntnisse der fremdsprachendidaktischen und der neurowissenschaftlichen Forschung weisen auf ein großes Potenzial von Bewegungen beim Lernen hin. In Studien, in denen Lernende neue Wörter und Wendungen schon bei der Erstbegegnung mit einer passenden Geste oder Körperbewegung verknüpften und diese dann beim Chorsprechen wiederholt aufgriffen, konnten sich Inhalte besser und länger merken als Lerner, die ohne Bewegungen gearbeitet hatten. Es gibt viele gute Gründe, die für Bewegung im Klassenzimmer sprechen (gesundheitserzieherische, motivationale usw.). Durch diese neuen Studien wurde nun auch nachgewiesen, dass der Lernerfolg von Bewegungen profitieren kann (vgl. Sambanis, Michaela: *Fremdsprachenunterricht und Neurowissenschaften*. Tübingen: Narr, 2013).

Der Schrift begegnen

Da Kinder im Verlauf des Anfangsunterrichts alphabetisiert werden und sich besonders im Deutschunterricht intensiv mit der sprachlichen Symbolebene der Schrift befassen, ist es nicht verwunderlich, wenn die meisten Lehrerinnen und Lehrer, die in der Grundschule eine Fremdsprache unterrichten, davon berichten, dass die Kinder auch im Fremdsprachenunterricht nach Schriftbildern fragen. Werden diese nicht zur Verfügung gestellt, denken sich manche Kinder selbst Verschriftlichungen aus, um Gehörtes haltbar zu machen.

Während noch vor einigen Jahren zur Vorsicht gemahnt wurde, da eine Verwirrung der Kinder bei allzu zeitigem Kontakt mit der Schrift im Fremdsprachenunterricht in der Primarstufe befürchtet wurde, hat sich die fremdsprachendidaktische Forschung in den letzten Jahren durch neue Studien deutlich in die Richtung größerer Gelassenheit in dieser Frage bewegt: Es spricht nichts dagegen, auch schon im Fremdsprachenunterricht in der Grundschule Begegnungen mit der Schrift zu ermöglichen, ganz besonders dann, wenn die Kinder beginnen, die Schrift als Merkhilfe zu entdecken. Dann nämlich schaffen sie sich ohnehin Vorstellungen von möglichen Verschriftungen, die jedoch meistens dem „schreiben, wie man spricht"-Prinzip folgen und später sogar Umlernen nötig machen können. Umlernen (Extinktion) ist kognitiv nicht einfach und bildet ein emotional eher ungünstiges Erlebnis. Es spricht also nichts gegen eine Begegnung mit der Schrift, die bei Mitleseverfahren oder dem Zuordnen von Wort- und Bildkarten in variablen spielerischen Arrangements ansetzen und dem vorrangigen Ziel des Grundschulfremdsprachenunterrichts, der Entwicklung mündlicher Kompetenzen, dienen kann.

Entspannungsphasen/Ritualisierung

Um den besonderen Lernvoraussetzungen von Grundschulkindern entgegenzukommen, ist es wichtig, für einen stimmigen Phasenwechsel zu sorgen, der Konzentration und Entspannung wechselweise berücksichtigt. Entspannungsphasen lassen sich durch Singen bekannter Lieder, gemeinsames Sprechen von Reimen, Aufnahme eines vertrauten Spieles oder auch durch das Einschieben kurzer Bewegungssequenzen einrichten. Man kann dabei den Kindern nach dem TPR-Prinzip einfache Anweisungen zu kleinen Gymnastikübungen geben, sie narrativ in eine andere Umgebung versetzen (z. B. *Es ist kalt – Il fait froid.* Hierbei können sich die Kinder vorsichtig auf imaginärem Eis bewegen).

Da die Kinder im Fremdsprachenunterricht in eine unbekannte Welt eintauchen, ist es von besonderer Bedeutung, das Fremde als interessante Herausforderung und nicht als bedrohlich darzustellen. Dies kann nur gelingen, wenn den Schülern die Rahmenbedingungen und einzelne Phasen des Unterrichts bald vertraut sind, denn nur durch eine solche Ritualisierung kann sich das Kind in einer sprachlich fremden Umgebung orientieren und sicher fühlen. Es ist also wichtig, Arbeitsformen wiederholt einzusetzen und sie lediglich mit neuem Material zu füllen. Ebenso verhält es sich mit bestimmten Unterrichtsphasen (z. B. Begrüßung, Verabschiedung, Geburtstagsgratulation) oder auch mit Spielen, die ohnehin auf Wiederholung drängen.

Eine ganze Reihe an Variationen zur Gestaltung ritualisierender Unterrichtssituationen haben sich bewährt: Zur Begrüßung kann z. B. die Fahne an die Tafel geheftet werden, oder eine Hand- bzw. Fingerpuppe wird „geweckt" und begrüßt. Ein musikalischer Einstieg ist ebenfalls sehr schön, um die Kinder auf die fremdsprachliche Sequenz einzustimmen. Auch ein einfaches Tanzlied, in dem man sich gegenseitig begrüßt, könnte als Einstieg gewählt werden. Am Ende der Unterrichtssequenz sollte das Entfernen des Symbols bzw. das Singen eines Liedes oder das Sprechen eines Abschiedsraps die Phase des Fremdsprachenunterrichts deutlich abschließen.

Ein Beispiel für Ritualisierung: Der *Befindlichkeitsschieber*:

Jeder Schulvormittag kann ritualisierend mit der Erkundigung nach dem Befinden einzelner Kinder beginnen. Dies ist nicht nur eine gute Gelegenheit, den Kindern als kleinen Persönlichkeiten Raum zu geben, sondern auch, die Fremdsprache täglich für ein Weilchen erklingen zu lassen. Am Anfang sollte sich die Lehrerin/der Lehrer nach dem Befinden einzelner Kinder erkundigen, die dann anhand eines Befindlichkeitsschiebers anzeigen, wie sie sich fühlen. Die Lehrerin/Der Lehrer formuliert zunächst den entsprechenden Satz für die Kinder: „*Comment ça va?*" Nach einiger Zeit können sie ermutigt werden, diese Äußerung zu wiederholen. Bald werden auch einzelne Kinder in der Lage sein, anstelle der Lehrerin/des Lehrers die Frage zu stellen, und schließlich werden alle diese überschaubare Situation in der Zielsprache ergriffen haben und selbstständig gestalten.

Bewusst spielen!

Grundschulkinder sind in einem Alter, in welchem Spielen ein fester Bestandteil ihres täglichen Lebens sein sollte, denn es ist für sie eine Weise, sich die Welt zu erschließen. Zudem lernen sie hierbei auch, Regeln einzuhalten. Zur Methodik des Grundschulunterrichtes gehört der Einsatz von Spielen. Auch im Fremdsprachenunterricht in der Grundschule soll also gespielt werden, denn nur durch das Spiel lässt sich die Motivation beim Umgang mit sprachlichen Einheiten und bei der Sensibilisierung für sprachliche Muster erreichen und erhalten. Nach einer sehr intensiven Arbeitsphase kann ein Spiel auch für die notwendige Bewegung oder Entspannung sorgen. Die vorliegenden Materialien bieten Anregungen für Spiele mit unterschiedlichster Zielsetzung (Entspannung, Übung, Bewegung, …).

Wird eine spielerische Übungsform eingeplant, so ist es unerlässlich, vorab eindeutig die Frage zu klären, welche Kompetenzen den Kindern dabei abverlangt werden. Spiele, die nur dann durchführbar sind, wenn die Schüler bereits aktiv und flexibel über einen Wortschatzbereich verfügen, sollten beispielsweise niemals verfrüht eingesetzt werden, da sonst die Kinder ihren Kenntnisstand als defizitär empfinden.

Finger- und Handpuppen

Für den Anfangsunterricht bietet sich der Einsatz einer Hand- oder Fingerpuppe sehr gut an. Zwar sind Fingerpuppen zumeist weniger kuschelig als Handpuppen, zudem sind sie durch ihre Größe weniger auffallend, und auch der Mund ist nicht bewegbar. Doch auch sie haben durchaus ihre Vorteile: Sie sind leicht in der Tasche unterzubringen, schnell übergestreift und müssen selbst beim Anheften von Bildmaterial oder Anschreiben an die Tafel nicht abgelegt werden, da sie anders als die Handpuppe nicht stets eine Hand der Lehrerin/des Lehrers beanspruchen. Gerade auch für die etwas älteren Kinder bieten sie eine nette Alternative. In diesem Band finden sich bei einigen Unterrichtsentwürfen Vorschläge zum Einsatz von Finger- oder Handpuppen, so zum Beispiel bei der Einführung neuen Wortschatzmaterials. Hier kann zwischen Lehrerin oder Lehrer und Puppe ein Gespräch entstehen, in das die neuen Vokabeln so integriert werden, dass sie herauste-

Einleitung

chen. Diese Wiederaufnahme derselben sprachlichen Einheiten erscheint in einem Dialog weniger künstlich und daher auch weniger ermüdend als bei einem reinen Lehrervortrag.

Kultur entdecken

Sprachen sind keine eindimensionalen Gefüge, und sie lassen sich nicht reduzieren auf gesprochene und geschriebene Wörter. Daher widmet sich dieser Abschnitt einem unterrichtlichen Bereich, der als *Kultur entdecken* bezeichnet werden kann:

Bei *Kultur entdecken* geht es darum, auf altersgemäße Weise Aspekte des Lebens in französischsprachigen Ländern zu beleuchten und ganz Alltägliches, aber auch Außergewöhnliches darüber zu erfahren. Einige Anregungen finden sich in den vorliegenden Materialien. Diese lassen sich ergänzen und im Sinne des interkulturellen Lernens weiterentwickeln.

Des Weiteren geht es darum, die Zielsprache Französisch nicht nur im Fremdsprachenunterricht erfahrbar zu machen, sondern sie auch in andere Unterrichtsfächer zu integrieren, z.B. als kleine bilinguale Module in Musik, Kunst, Sport oder im sachkundlichen Lernbereich. Daher wurden einigen Stundenplanungen auch Vorschläge für fächerübergreifendes Arbeiten beigefügt.

Spiele und spielerische Übungsformen

Spiele im Bereich des rezeptiven Vermögens

Die Schülerinnen und Schüler verstehen zunehmend den zu einem Thema oder Themenausschnitt gehörenden Wortschatz. Sie können also schon einige der Wörter mit der zugehörigen Bedeutung verknüpfen. Übungen auf dieser Stufe sollen die Kinder befähigen, über wiederholtes Hören (also rezeptiv) mit Wortschatz und korrekter Aussprache vertraut zu werden. Die Schülerinnen und Schüler müssen weder nachsprechen noch produktiv über den Wortschatz verfügen.

„Living Memory®"

Verlauf: Im Unterschied zum traditionellen Memory® werden jeweils doppelt vorhandene Spielkarten nicht ausgelegt, sondern an die Kinder der Klasse verteilt. Die Darstellungen auf den Karten werden von der Lehrerin/dem Lehrer benannt. Zuvor jedoch werden einige Kinder – die eigentlichen Spielerinnen und Spieler – vor die (angelehnte) Tür gestellt. Sind alle Kärtchen an die Kinder im Zimmer verteilt, werden die Spieler hereingerufen. Das erste Kind nennt die Namen zweier Klassenkameraden, die ihre Bilder nun zeigen. Die Lehrerin/Der Lehrer kommentiert und benennt das Gezeigte in der Fremdsprache Französisch. Findet ein Kind ein Paar, bekommt es die zugehörigen Bildkärtchen. Das Vorgehen gleicht also dem traditionellen Memory®, doch sind bei dieser Variante alle Kinder aktiv.

Durch das oftmalige Wiederholen der Lehrerin/des Lehrers wird zunächst ein Zuwachs auf der Ebene des Hörverstehens erreicht. Um den fremdsprachlichen Zugewinn weiterhin gewährleisten zu können, sollte die sprachliche Rolle der Mitspielerinnen und Mitspieler bei jedem weiteren Durchgang des Memory® erweitert werden. Denn anders als beim traditionellen Memory® liegen die Spielkarten hier nun nicht auf einem Tisch, sondern durch die Verteilung auf die Kinder ist es – egal bei welcher Sitzordnung – unumgänglich, die Bilder zu benennen, da immer nur ein Teil der Schülerinnen und Schüler die einzelnen Bilder sehen kann. Die Kinder können zunehmend mit der Lehrerin/dem Lehrer gemeinsam ihre Darstellung auf der Spielkarte benennen (reproduktives Vermögen wird hier schon angebahnt), und schließlich werden einige Kinder beginnen, ihre Bilder selbst zu benennen (produktive Leistung).

Weiterhin ist es etwa ab der dritten Klasse denkbar, dieses Spiel auch für eine Wort-Bild-Zuordnung zu nutzen.

„Jacques a dit"

Dieses Spiel eignet sich sehr gut zur Auflockerung, da sich die Kinder hierbei bewegen müssen. Es bietet die Möglichkeit, das Benennen von Körperteilen und Tätigkeiten zu wiederholen bzw. zu festigen, da die Anweisungen in Bewegungen oder Laute umgesetzt werden müssen.

Verlauf: Die Lehrerin/Der Lehrer nennt Körperteile oder Tätigkeiten und beginnt dabei stets mit dem Satz „Jacques a dit …!". Die jeweilige Tätigkeit muss von den Kindern durchgeführt werden. Nennt die Lehrerin/der Lehrer lediglich eine Tätigkeit und lässt den Satzanfang „Jacques a dit …!" weg, dann müssen die Kinder still stehen. Bewegt sich doch ein Kind, so scheidet es aus.

Dieses Spiel lässt sich bei allen Wortschatzbereichen einsetzen, bei denen sich die Wörter oder Redewendungen sinnvoll in Bewegungen umsetzen lassen. Hierzu zählen viele Verben und Substantive, und zum Beispiel die Teile und Räume des Hauses lassen sich sehr gut verwenden.

In einer Phase, die das eigentliche Spiel einleitet, werden bestimmte Bewegungen gemeinsam mit den Kindern vereinbart, und so verbindet man hierbei wiederholtes Hören mit Semantisierung, setzt also in den Bewegungen die Assoziationen der Kinder um.

Spiele im Bereich des reproduktiven Vermögens

Auf dieser Ebene sind die Schülerinnen und Schüler bereits so vertraut mit einem Wortschatzbereich, dass sie bestimmte Wörter nachsprechen und insofern reproduktiv tätig werden können. In vorgeschalteten TPR-Phasen wurde die Verknüpfung von Lautgestalt und Inhaltsseite der Wörter geübt, sodass die Kinder nunmehr mit Ausspracheversuchen beginnen können.

„Arms Expert" (nach Jürgen Kurtz)[1]

Diese Übungsform ist besonders geeignet, um Chorsprechen und Improvisation (Gestik, Mimik, Pantomime) miteinander zu verknüpfen, um sowohl die

---

[1] In seiner Habilitationsschrift befasst sich Kurtz mit unterschiedlichen Lernarrangements, die die Schülerin/den Schüler zu improvisierendem Sprechen führen sollen. Seine Anregung „Arms Expert" wurde aufgenommen und angepasst. Kurtz, Jürgen: *Improvisierendes Sprechen im Fremdsprachenunterricht. Eine Untersuchung zur Entwicklung spontansprachlicher Handlungskompetenz in der Zielsprache.* Tübingen: Narr, 2001 (Giessener Beiträge zur Fremdsprachendidaktik), S. 200.

Bedeutung von Wörtern, Sätzen und Liedtexten darzustellen als auch die Motivation der Kinder zum Nachsprechen zu fördern.

Verlauf: Zwei Kinder, die sich gut verstehen, stellen sich hintereinander. Das vordere Kind hat die Aufgabe, eine Textaussage mimisch darzustellen, während es seine Hände nicht benutzen darf. Das zweite Kind streckt seine Arme so nach vorne, dass sie dem vorderen Kind zu gehören scheinen. Das hintere Kind unterstreicht nun die Aussage, des von der Klasse im Chor gesprochenen Textes, durch entsprechende Gestik der Arme. Durch die simple Tatsache, dass die beiden Kinder scheinbar einen Körper bilden, der seine Impulse aber nicht von einer **einzigen** „Kommandozentrale" aus erhält, entstehen oft erheiternde Figuren und unkoordinierte Bewegungsabläufe. Die ganze Gruppe spricht den Text dazu, freut sich über die pantomimische Darbietung und drängt auf Wiederholung. Geeignet sind hierbei kurze Gedichte, Liedtexte und überschaubare Textpassagen jeder Art.

Von den Lippen ablesen

Die Aussprache neuen Wortschatzes kann man motivierend und ohne Aufwand üben, indem man den Kindern die Vokabeln stumm vorspricht oder höchstens zuflüstert. Die Schülerinnen und Schüler lesen von den Lippen ab, melden sich und nennen das betreffende Wort bzw. den Ausdruck oder die Textzeile. Nach einiger Übung kann sich die Lehrerin/der Lehrer zurücknehmen und die Kinder flüstern sich gegenseitig die Wörter zu. Wenn ein Wort von den Lippen abgelesen und mit großer Abweichung von der Aussprachenorm wiedergegeben wird, sollte eine Chorsprechsequenz eingeschoben werden, in der das Wort oder die Wörter mehrfach variierend von den Schülerinnen und Schülern ausgesprochen werden.

Spiele im Bereich des produktiven Vermögens

Für diese höchste Kompetenzstufe (hier bezogen auf die Ebene des mündlichen Sprachgebrauchs) bieten sich viele Spiele an, da sie aus den breitesten Fähigkeiten der Schülerinnen und Schüler schöpfen können. Die Kinder sind nun schon in der Lage, einen bestimmten Wortschatzbereich zu verstehen und nachzusprechen. Teilweise können sie auch schon selbstständig beispielsweise zu einem Bildimpuls passende Wörter oder kleinere Textabschnitte assoziieren und sie eventuell sogar mit bereits vorhandenem Wortschatz verknüpfen.

Was fehlt?

Diese Übungsform kann zum Abschluss einer Einheit und zur Wiederholung eingesetzt werden. Allerdings wird hier den Kindern eine hohe Sicherheit des Wortschatzes abverlangt.

Verlauf: Je nach Klassenstufe werden sechs bis zehn Gegenstände in die Kreismitte gelegt. Auch Redewendungen oder Verben bieten sich an, hier müssen entsprechende Bildkarten in den Kreis gelegt werden. Die Kinder sollen sich nun die Gegenstände oder Bildkarten gut einprägen. Danach wird ein Kind vor die Tür geschickt und ein Gegenstand bzw. eine Bildkarte wird weggenommen. Um die Schwierigkeit zu erhöhen, können auch zwei oder mehr Gegenstände oder Bildkarten aus dem Kreis genommen werden. Das Kind wird zurück ins Klassenzimmer geholt. Nun wird die Frage: *„Qu'est-ce qui manque?"* gestellt und das Kind benennt den fehlenden Gegenstand bzw. die fehlenden Dinge.

Kofferpacken

Verlauf: In der Mitte des Sitzkreises befinden sich ein Koffer oder Schulranzen sowie einzupackende Gegenstände. Die Lehrerin/Der Lehrer fragt ein Kind: „Was packst du in deinen Koffer?" – *„Qu'est-ce que tu mets dans ta valise?"* Das aufgeforderte Kind wählt einen Gegenstand aus, benennt ihn und legt ihn zum Koffer. Danach fordert es das nächste Kind auf. Die Lehrerin/Der Lehrer stellt erneut die Frage *„Qu'est-ce que tu mets dans ta valise?"*
Ziel ist es, dass die Schülerinnen und Schüler möglichst bald selbst die Frage formulieren können. Jedes neu aufgeforderte Kind benennt die bereits zum Koffer gelegten Gegenstände und fügt einen weiteren hinzu. Am Ende werden tatsächlich alle Gegenstände in den Koffer gepackt.

Variante: Alle zum Wortschatzbereich gehörenden Gegenstände werden zu Diebesgut erklärt und die Lehrerin/der Lehrer oder ein Kind spielt die Rolle des Gangsterbosses, die übrigen Schülerinnen und Schüler sind Mitglieder der Räuberbande. Jedes Mitglied darf vom Boss einen Gegenstand erbitten: *„Je voudrais…!"* Vergisst ein Räuber, sich bei der Zuteilung beim Gangsterboss zu bedanken, muss er seinen Anteil der Beute zurückgeben!

Stundenthema: Sich vorstellen – *Je m'appelle…* Empfohlenes Lernjahr: Klasse 1/2

Neues Wortmaterial/Strukturen:
Je m'appelle…

Benötigte Medien:
Teddybär, Lied, französische Musik, Arbeitsblatt

Notwendiges Vorwissen:
kein Vorwissen nötig

Phasen	Lehrer	Schüler	Medien	Bemerkungen
Einstieg	Begrüßungsritual			Siehe vorangestellte Erläuterungen.
Präsentation	L. arbeitet mit einem Teddybären (T.): L.: „Salut, je m'appelle Madame/Monsieur…" „Et toi? Tu t'appelles comment?/Comment t'appelles-tu?" T.: „Je m'appelle ourson." (auf sich selbst zeigend) Der Teddy fragt SuS nach ihrem Namen. Der Teddy wiederholt den Namen des S., dann auf sich selbst. T.: „Tu t'appelles…" T.: „[Et moi,] Je m'appelle ourson."	SuS antworten mit ihrem Namen.	Teddybär	Manche SuS sprechen bald den ganzen Antwortsatz nach (Mitarbeit allerdings optional, nur wer möchte). Der Dialog zwischen Teddy und L. sollte, vor der Schülerbefragung, mehrmals variierend wiederholt werden.
TPR-Phase I	L. singt gemeinsam mit den SuS das Lied *Comment tu t'appelles?*, alle SuS gehen im Raum umher, wenn die Musik stoppt, fragt der Teddy ihm nahestehende SuS nach ihrem Namen.	SuS gehen im Raum umher.	Teddy, Lied	SuS antworten mit ihrem Namen oder mit einem ganzen Satz: „*Je m'appelle…*"
Wiederholung	L. gibt die Frage(n) vor: „*Tu t'appelles comment?*" „*Comment tu t'appelles?*"	SuS sprechen gemeinsam die Frage. Teddy springt währenddessen zu einem S., der sodann antwortet.	Teddy	Die Formulierung *Comment tu t'appelles?* ist sehr frequent und sollte den Kindern jetzt oder später ebenso angeboten werden.

1. In der Schule

Phasen	Lehrer	Schüler	Medien	Bemerkungen
TPR-Phase II	L. spielt französische Musik und lässt die SuS umhergehen, stoppt die Musik, die SuS, die sich am nächsten sind, stellen sich gegenseitig die Frage.	SuS fragen sich untereinander: S. 1: „*Tu t'appelles comment?*" S. 2: „*Je m'appelle...*"	französische Musik	Es können mehrere SuS ihren Dialog vorführen, so dass die Aussprache nochmals für alle vorgeführt wird.
Ruhephase	L. teilt das Arbeitsblatt aus und lässt die SuS ihren Namen eintragen. L. gibt die Anweisung, ein Namensschild zu erstellen.	SuS tragen ihren Namen auf dem Arbeitsblatt ein und erstellen ein Namensschild.	Arbeitsblatt	
Hausaufgabe	L. gibt Hinweise zur Hausaufgabe.	SuS malen als Hausaufgabe ihre Namensschilder aus.		

12 1. In der Schule

1. In der Schule

Stundenthema: Die Farben – *Le poisson noir* Empfohlenes Lernjahr: Klasse 1/2

Neues Wortmaterial/Strukturen:
le poisson, rouge, bleu, vert, jaune, noir, blanc, orange

Benötigte Medien:
CD (Meditationsmusik, ruhige Melodien), Bildkarten mit Fischen, die vom L. eingefärbt werden können, Geschichte, Arbeitsblatt, Eimer (als Symbol für Wasser) oder Tüten (durchsichtig oder blau)

Notwendiges Vorwissen/Strukturen:
kein Vorwissen nötig

Hinweis:
Integration mit Anfangsunterricht Deutsch

Phasen	Lehrer	Schüler	Medien	Bemerkungen
Einstieg	Begrüßungsritual			Siehe vorangestellte Erläuterungen. Mögliche Sozialform: Sitzkreis/am Platz
Motivation	meditative Musik (z.B. mit Meeresgeräuschen) L. erzählt die Geschichte vom kleinen Fisch Lucien und seinen Freunden. Beim Erzählen zeigt L. die Bildkarten und deutet jeweils auf die entsprechenden Farben der Fische.	SuS dürfen sich entspannen, zuhören und die Farben wahrnehmen.	CD mit Meditationsmusik (ruhige Melodien), Bildkarten mit verschiedenfarbigen Fischen, Geschichte	
TPR-Phase	L. verteilt Papierfische und gibt die Anweisung, sie auszumalen: L.: „*Coloriez les poissons en vert/en rouge/…!*" L. stellt Fragen: „*Qui a un poisson rouge?*" „*Qui a un poisson vert?*" L. zeigt verschiedene Bildkarten und stellt *oui/non*-Fragen: „*C'est un poisson vert.*" „*Oui? Si c'est vrai, levez-vous!*" „*Non? Si c'est faux, asseyez-vous!*"	SuS erhalten je einen Fisch und kolorieren ihn. Solange die Musik spielt, dürfen die SuS ausmalen. SuS zeigen Hörverstehen durch Zeigen der richtigen Fische. Richtig: SuS stehen auf. Falsch: SuS bleiben sitzen. (evtl. *Non!* rufen, Kopf schütteln)	Bildkarten Fische (blanko) Bildkarten mit verschiedenfarbigen Fischen (rot, blau, grün, gelb, schwarz, weiß, orange)	

Phasen	Lehrer	Schüler	Medien	Bemerkungen
Reproduktion	L. heftet nacheinander verschiedenfarbige Fische an die Tafel und wiederholt: *„C'est un poisson bleu."* „..."	SuS sprechen nach: im Chor, in Kleingruppen.	Papierfische an der Tafel	
Stillarbeit (TPR)	L. verteilt Arbeitsblatt: *„Coloriez le poisson numéro 3 en vert!"* „..."	SuS malen Fische auf dem Arbeitsblatt farbig an.	Arbeitsblatt	
Festigung	L. sammelt Fische wieder ein, indem er sie von den SuS zurück ins Wasser (z. B. eine durchsichtige Tüte oder einen aufgeschnittenen blauen Müllsack) legen lässt: *„Mets ton poisson dans l'eau!"*	SuS bringen nacheinander ihren Fisch nach vorne und benennen die Farbe: „Bleu." „Vert." „..."	„Wasser" (durchsichtige Plastiktüte, blauer Müllsack oder Eimer)	Weiterführung der Stunde (fächerverbindend mit Kunst): Ein großer Karton wird blau angemalt. Einige Wasserpflanzen werden aufgemalt. Nun dürfen die Kinder die Fische mit Schnüren versehen und in unterschiedlicher Höhe im Karton aufhängen. So entsteht ein Aquarium.

Vorschlag für die Geschichte:

Lucien, le poisson noir

Voilà la mer, et voici Lucien, le petit poisson.
Lucien est un poisson noir, tout noir.
C'est pour ça qu'il est triste : il n'aime pas sa couleur.
Les autres poissons ne veulent pas jouer avec Lucien :
„Beurk", disent-ils, „il est noir. Il n'est pas beau."
Les autres poissons sont verts, bleu, rouges, oranges, et jaunes.
Ce qu'ils sont jolis !
Mais pas Lucien : il est tout noir.
Personne ne joue avec Lucien. Lucien est triste.
Mais un beau jour, Lucien a une bonne idée : il prend un pinceau et
dessine des taches bleues, oranges, rouges et jaunes sur son corps.
Comme ça, Lucien est joli, même trés joli ! Il sourit.
Et tous les autres poissons disent: „Oh là là, Lucien est joli. Il est le
plus joli poisson de tous!"

Lucien, der schwarze Fisch

Schaut mal, hier ist das Meer, und hier ist
Lucien, der kleine Fisch.
Lucien ist ein schwarzer Fisch, von oben bis
unten schwarz.
Und deswegen ist er auch traurig: Er mag seine Farbe nicht.
Die anderen Fische wollen nicht mit Lucien spielen:
„Pfui", sagen sie, „er ist schwarz. Er ist nicht schön."
Die anderen Fische sind grün, blau, weiß, rot, orange und gelb.
Wie hübsch sie sind!
Aber Lucien nicht: Er ist ganz schwarz!
Niemand spielt mit Lucien. Lucien ist traurig.
Aber eines schönen Tages hat Lucien eine gute Idee:
Er nimmt einen Pinsel und zeichnet blaue, orange, rote
und gelbe Tupfen auf seinen Körper.
Nun ist Lucien nicht nur hübsch, sondern sogar sehr hübsch!
Er lächelt.
Und alle anderen Fische sagen: „Oh là là, Lucien ist hübsch.
Er ist der hübscheste Fisch von uns allen!"

Bildkarten:

1. In der Schule

Stundenthema: Zahlen und Farben – *Dans la trousse*

Empfohlenes Lernjahr: Klasse 1/2

Neues Wortmaterial/Strukturen:
1. Stunde: *la trousse, le crayon, le feutre, la règle, le taille-crayons*
2. Stunde: *le stylo, la colle, la gomme, les ciseaux*

Benötigte Medien:
Zahlenkarten, Karten mit Würfelpunkten, verschiedene Gegenstände, Arbeitsblatt

Notwendiges Vorwissen:
Zahlen 1–10, Farben

Phasen	Lehrer	Schüler	Medien	Bemerkungen
Einstieg	Begrüßungsritual			Siehe vorangestellte Erläuterungen.
Wiederholung	L. hält Zahlenkarten hoch. L.: „*Tous ensemble: un, deux, trois,..., dix.*"	SuS melden sich, ein S. nennt die Zahl, kommt nach vorne und heftet sie an die Tafel. SuS sprechen die Zahl gemeinsam nach. Nachdem alle Zahlen an der Tafel hängen, wird die Zahlenreihe nochmals im Chor gesprochen.	Zahlenkarten oder Karten mit Würfelpunkten	Wird die Zahlenreihe im Chor gesprochen, kann variiert werden: von laut nach leise, hoch und tief, ...
Einführung der TPR-Phase	L. präsentiert unterschiedliche Gegenstände: „*Voilà une trousse.*" „*Montre-moi ta trousse!*" „*Mets-la sur la table!*" „*...*"	SuS halten den entsprechenden Gegenstand hoch und legen ihn auf den Tisch.	Gegenstände	Vorteil: Alle SuS haben die Gegenstände dabei.
Reproduktion oder Spiel/Übung	L. hält Gegenstand hoch: „*C'est une trousse.*" „*Une trousse.*" „*C'est une .../un ...*"	SuS sprechen im Chor (laut/leise) oder einzeln nach.	Gegenstände	Erscheint die Phase des Nachsprechens für die Lerngruppe zu früh, so kann sie auf die Folgestunde vertagt werden.

Phasen	Lehrer	Schüler	Medien	Bemerkungen
	Spiel: *Jacques a dit* L.: *„Jacques a dit: un crayon!"* Tilgt der L. den Passus *Jacques a dit*, darf der Befehl nicht ausgeführt werden.	SuS legen die benannten Schreibgeräte auf den Tisch. SuS zeigen den Gegenstand. Wer sich irrt, scheidet aus, schaut aber aufmerksam zu, ob alle richtig reagieren.		Neue Wörter sollten in überschaubarem Kontext, aber der Klarheit wegen auch isoliert gesprochen werden.
Festigung der TPR-Phase	L. gibt Anweisungen an einzelne SuS: *„Viens au tableau! Dessine cinq crayons!"* L. zu restlichen SuS: *„Montrez-moi cinq doigts et vos trousses!"* L. weist SuS an, ihre Tische aufzuräumen: *„Rangez tout! Mettez les trousses sous les tables/ dans les/vos cartables!"*	Ein S. zeichnet z. B. fünf Stifte zu der entsprechenden Zahlenkarte. SuS halten Gegenstand hoch und zeigen die Zahl mit den Fingern. SuS räumen die genannten Gegenstände nacheinander wieder ein.	Zahlenkarten und Zeichnungen an der Tafel	Vorsicht! Manche Zahlwörter verändern ihren Auslaut je nach nachfolgendem Substantiv, z. B.: *dix crayons* (Tilgung des Auslautes)!
Stillarbeit	L. verteilt Arbeitsblatt: *„Coloriez le crayon en vert!"* *„Coloriez la règle en jaune!"*	SuS malen die Zeichnungen in den entsprechenden Farben aus.	Arbeitsblatt	

1. In der Schule

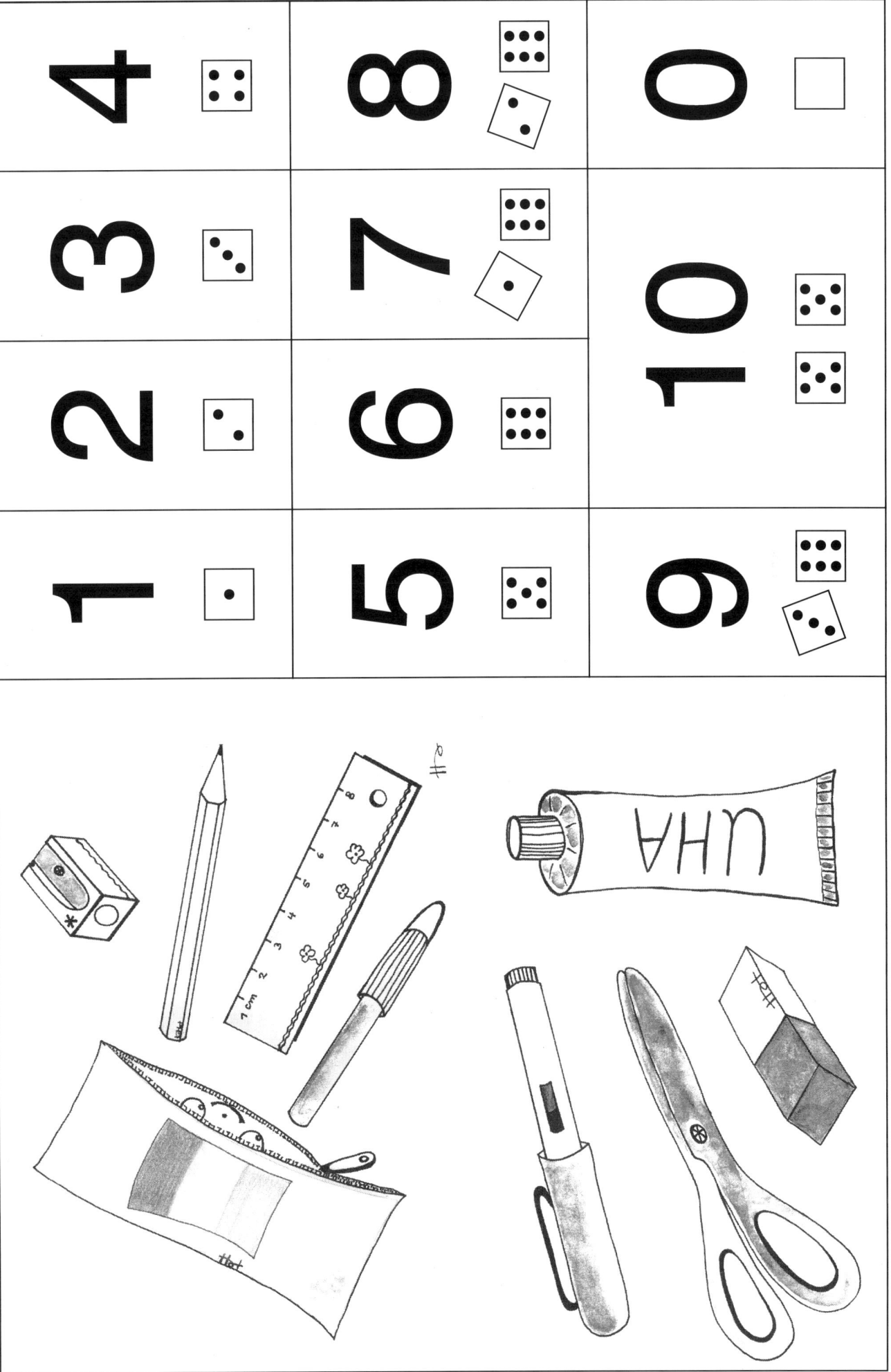

Stundenthema: Mein Körper – *Le corps*   Empfohlenes Lernjahr: Klasse 1/2

Neues Wortmaterial/Strukturen:
le corps, la tête, le bras, la main, le ventre, la jambe, le pied

Benötigte Medien:
Kopiervorlage zum Zusammenbasteln, weiße Papierbögen

Notwendiges Vorwissen:
Klassenzimmersprache: *Levez-vous! Lève-toi! Asseyez-vous!*

Phasen	Lehrer	Schüler	Medien	Bemerkungen
Einstieg	Begrüßungsritual			Siehe vorangestellte Erläuterungen.
TPR-Phase I	L. setzt nach und nach die Kopiervorlage zusammen und spricht dazu: „*Levez-vous, s'il vous plaît!*" „*C'est/Voilà la tête. Montrez-moi vos têtes!*" „*C'est/Voilà le bras. Montrez-moi vos bras!*" „*C'est/Voilà la main. Montrez-moi vos mains!*" „*C'est/Voilà le ventre. Montrez-moi vos ventres!*" „*C'est/Voilà la jambe. Montrez-moi vos jambes!*" „*C'est/Voilà le pied. Montrez-moi vos pieds!*" „*C'est le corps. Montrez-moi vos corps!*" „*Asseyez-vous, s'il vous plaît!*"	SuS verknüpfen Klangbild mit dem Körperteil, indem sie auf das geforderte Körperteil am eigenen Körper zeigen.	Kopiervorlage zum Zusammensetzen Puppe (alternativ)	
TPR-Phase II	L. benennt nochmals laut alle Körperteile und zeigt dabei auf die entsprechenden Körperteile der Kopiervorlage. L. gibt nun Anweisungen an einzelne SuS: „*Montre-moi les bras!*" „*Montre-moi le ventre!*"	Je ein S. kommt nach vorne an die Tafel und zeigt auf das entsprechende Körperteil.	Kopiervorlage	

2. Mein Körper

Phasen	Lehrer	Schüler	Medien	Bemerkungen
Reproduzieren	L. spricht nochmals die einzelnen Körperteile vor: „Ceci est la tête." „Ceci est le bras." „Ceci est la main." „Ceci est le ventre." „Ceci est la jambe." „Ceci est le pied."	SuS sprechen einzeln, in Kleingruppen oder im Chor nach: „(La) tête." „(Le) bras." „(La) main." „(Le) ventre." „(La) jambe." „(Le) pied."		Zunächst wird in gemäßigtem Tempo gesprochen. Dieses wird nach und nach gesteigert.
Trainieren der Aussprache	L. spricht repetierend vor und klatscht die Sprechsilben: „Tête –, tête –, tête." „…." L. bildet Aufzählungen und klatscht die Sprechsilben: „Bras –, main –, jambe –, pied."	SuS sprechen und klatschen mit.		
Abschluss	L. verteilt weiße Blätter. L. gibt Anweisungen und demonstriert, was zu tun ist: „Pliez la feuille en deux, comme ça." „Dessinez la tête, puis pliez la feuille. On ne voit plus la tête! Passez la feuille à vos voisins!" „Dessinez le ventre, les deux bras et les mains!" „Dessinez ensuite les deux jambes et les pieds!" „Et maintenant, on regarde ce que ça donne!"	SuS falten Papier in drei Teile, zeichnen in das erste Feld den Kopf, falten den Kopf nach hinten und geben das Blatt an ihren rechten Nachbarn weiter. Ein ganzer Körper entsteht.	weißes Papier	Weiterführung: Lied: *Si tu as la joie*…

2. Mein Körper

Stundenthema: Krank sein – *Avoir mal*		Empfohlenes Lernjahr: Klasse 1/2	
Neues Wortmaterial/Strukturen: *avoir mal à / au / aux, un rhume, une dent, une oreille* **Benötigte Medien:** Pflaster, Lied, Bildkarten, Spiel		**Notwendiges Vorwissen:** Körperteile	

Phasen	Lehrer	Schüler	Medien	Bemerkungen
Einstieg	Begrüßungsritual			Siehe vorangestellte Erläuterungen.
TPR-Phase I: Wiederholung der Körperteile	L. gibt Anweisungen, nach denen die SuS ein Männchen an die Tafel zeichnen: *„Dessine une tête/une bouche/des dents/deux oreilles/une gorge/deux bras/deux mains, chacune avec cinq doigts/un ventre/deux jambes/deux pieds!"*	Einzelne SuS zeichnen entsprechend die Körperteile an die Tafel: Ein Männchen entsteht.	Zeichnung an der Tafel	
TPR-Phase II: Präsentation	L. gibt der Tafelfigur einen Namen und erklärt durch mimische Darstellung, dass diese krank sei. Dazu versprachlicht L.: *„Il a mal au ventre."* *„Il a une jambe cassée."* *„Il a un bras cassé."* *„Il a mal aux dents."* *„Il a mal aux oreilles."* *„Il a mal à la tête."* *„Il a un rhume."* Nach diesem Schema benennt L. nach und nach weitere Körperteile.	S. bekommt ein Pflaster und klebt es auf den Kopf bzw. auf die entsprechenden Körperteile des Männchens.	Tafelmännchen, Pflaster.	Zusatzinformation: Bauchweh haben: *avoir mal au ventre!*
Entspannungsphase	L. singt gemeinsam mit den SuS ein ihnen bekanntes Lied, z.B. *Jean Philipot danse*.	SuS singen.	Lied	

Phasen	Lehrer	Schüler	Medien	Bemerkungen
Übungsphase	L. heftet die Bildkarten an die Tafel und bezeichnet die einzelnen Darstellungen der Krankheiten. Nach seinen Vorgaben lässt er die SuS unterschiedliche Reihenfolgen bilden oder in Form eines kleinen Wettspiels die von ihm beschriebenen Bilder zeigen.	SuS bilden Reihen nach Vorgabe bzw. zeigen das richtige Bild.	Bildkarten	
Sprechphase (Chorsprechen)	L. zeigt auf eines der Bilder und spricht den zugehörigen Satz, ohne dabei das Körperteil zu nennen, diese Lücke wird von den SuS gefüllt. „Pierre a mal à la / au / aux …!"	SuS sprechen gemeinsam die bekannten Körperteile an der entsprechenden Stelle. z. B. „…, tête!"		
Abschlussphase	Ein Spiel auf der rezeptiven Ebene bietet sich als Abschluss an: *Jacques a dit*	SuS spielen.	Spiel	Die Spielanleitung findet sich in der Spielesammlung.
Weiterführung				In Klasse 4 bietet sich die Möglichkeit, diese Stunde als Einführung in die Vergangenheit (passé composé) heranzuziehen, um den Gegensatz *aujourd'hui* und *hier* mithilfe der Bildkarten deutlich zu machen. L. erzählt eine Geschichte über Pierre und unterstützt diese durch die Bildkarten: *„Hier, j'ai eu mal au ventre." „Hier, j'ai eu mal à la tête." „…" „Mais aujourd'hui, j'ai mal aux dents." „…"* Es kann hier auch mit einem Wortkarten-Buffet gearbeitet werden, außerdem bietet sich hier auch das Bewegungslied *Tête, épaule et jambe et pied* an.

2. Mein Körper

Bildkarten:

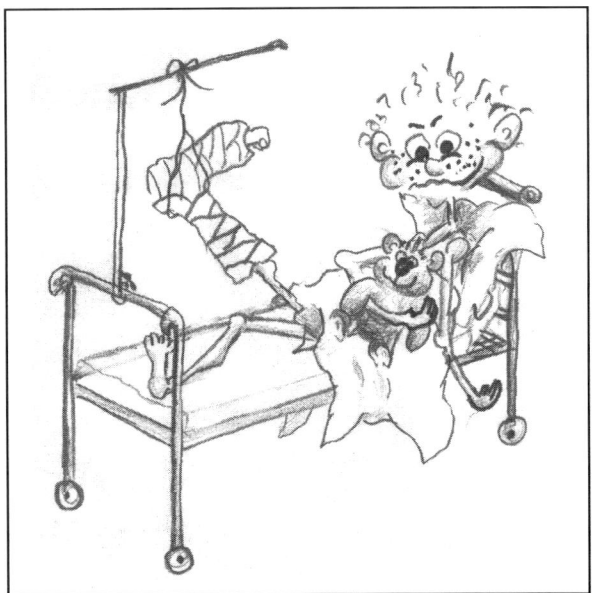

Bildkarten:

2. Mein Körper

Stundenthema: Bedürfnisse äußern – *J'ai soif, j'ai faim, …*

Empfohlenes Lernjahr: Klasse 1/2

Neues Wortmaterial / Strukturen:
j'ai soif, j'ai faim, j'ai chaud, j'ai froid

Benötigte Medien:
Handpuppe, Bilder, Reim

Notwendiges Vorwissen:
Comment ça va?, Ça va mal.

Phasen	Lehrer	Schüler	Medien	Bemerkungen
Einstieg	Begrüßungsritual			Siehe vorangestellte Erläuterungen.
Wiederholung der TPR-Phase	L. erteilt den SuS Anweisungen, die sie im Klassenzimmer ausführen: „*Ouvre la porte!*" „*Ferme la porte!*" „*Allume la lumière!*" „*Éteins la lumière!*" „*Ouvre la fenêtre!*" „*Ferme la fenêtre!*" „*Levez-vous!*" „*Asseyez-vous!*" „…!"	SuS befolgen die Anweisungen.		In dieser Phase können alle Anweisungen, die der Klasse bekannt sind, wiederholt werden.
Präsentation	L. stellt die Handpuppe Julie (J.) vor und spielt mit ihr einen Dialog, in dem die verschiedenen Bedürfnisse vorgestellt und durch Gestik dargestellt werden: L.: „*Bonjour Julie, comment ça va?*" J.: „*Ah, ça va mal.*" L.: „*Pourquoi?*" J.: „*J'ai soif!*" L.: „*Ah, tu as soif!*" J.: „*Oui, j'ai soif. Et j'ai chaud!*" L.: „*Tu as chaud aussi!*" J.: „*Oui, j'ai chaud.*" L.: „*Tu as chaud et tu as soif.*" J.: „*Oui. Et toi, comment ça va?*" L.: „*Moi? J'ai froid!*"	SuS hören zu und verbinden das Gehörte mit den Gesten.	Handpuppe	Zu allen Äußerungen müssen eindeutige Gesten gemacht werden, auch bei der Wiederholung!

Phasen	Lehrer	Schüler	Medien	Bemerkungen
	L.: „Ah, tu as froid!" L.: „Oui, j'ai froid et j'ai faim." L.: „Oh là, là! Tu as froid et tu as faim." L.: „Oui, j'ai faim!"			
Wiederholung des Wortmateriales	L. lässt Julie Bedürfnisse äußern und macht die entsprechende Gestik dazu. Er fordert die SuS auf, das passende Bild an die Tafel zu heften. Nach mehrmaliger Wiederholung gibt L. Julie einen Becher Wasser und öffnet das Fenster, damit sie keinen Durst mehr zu haben braucht und damit es im Raum kühler wird. L. kommentiert sein Handeln. Dann verabschiedet L. Julie und packt sie weg.	SuS heften die Bilder an die Tafel.	Handpuppe Bilder zu den einzelnen Bedürfnissen	
Entspannungsphase	L. spricht den Sprechvers mit Fingerspiel von der kleinen grauen Katze mit den SuS.	SuS sprechen mit und bewegen ihre Finger und Hände entsprechend.	Sprechvers	Es kann auch jeder andere bekannte Reim eingesetzt werden.
TPR-Phase: Vertiefung	L. bittet je zwei SuS an die Tafel, äußert ein Bedürfnis, der eine S. muss dazu die Gestik machen, der andere das Bild zeigen. Nach einigen Durchläufen bittet L. die SuS, ihm beim Aufräumen zu helfen: „J'ai froid!" „Montre-moi l'image" „Donne-moi l'image, s'il te plaît!" „Merci." „...."	SuS machen die entsprechende Gestik und zeigen auf das Bild an der Tafel. SuS befolgen die Anweisungen.	Bilder an der Tafel	SuS, die dazu bereit sind, können auch schon mit- oder nachsprechen.

Reim:

Un petit chat gris dort.
Sur son dos dansent **cinq** petites souris.
Le petit chat gris
attrape une des **cinq** souris
Oh, oh, tant pis!

Un petit chat gris dort.
Sur son dos dansent **quatre** petites souris.
Le petit chat gris
attrape une des **quatre** souris
Oh, oh, tant pis!

(linke Hand liegt leicht gewölbt auf dem Tisch.
5 Finger der rechten Hand tanzen auf dem Handrücken

linke Hand packt die rechte Hand
Achselzucken, Hände vorzeigen s. o.)

Un petit chat gris dort.
Sur son dos dansent **trois** petites souris.
...
Un petit chat gris dort.
Sur son dos dansent **deux** petites souris.
...
Un petit chat gris dort.
Sur son dos danse **une** petite souris.
Le petit chat gris
attrape **la petite souris**.
Oh, oh, tant pis!

2. Mein Körper

Bildkarten:

Stundenthema: Kontrastive Adjektive

Empfohlenes Lernjahr: Klasse 2

Neues Wortmaterial/Strukturen:
jeune, vieux, gros, maigre, blanc, noir, petit, grand

Benötigte Medien:
Befindlichkeitsschieber, Bildkarten, 1. Reim, 2. Reim, kleine Schachtel

Notwendiges Vorwissen:
kein Vorwissen nötig

Hinweis:
Dieses Stundenthema sollte erst am Ende von Klasse 2 behandelt werden. Die SuS erhalten hierdurch einen ersten systematischen Kontakt zu Adjektiven.

Phasen	Lehrer	Schüler	Medien	Bemerkungen
Einstieg	Begrüßungsritual			Siehe vorangestellte Erläuterungen.
Motivation	L. heftet Befindlichkeitsschieber an und fragt die SuS nach ihrem Befinden.	SuS setzen den Pfeil und beginnen zunehmend, die zugehörigen Sätze zu sprechen.	Befindlichkeitsschieber	
Präsentation	L. führt anhand von Bildkarten die neuen Adjektive (zusammen bilden sie Gegensatzpaare!) ein. Er spricht die neuen Wörter mehrmals vor und lässt sie von den SuS im Chor und einzeln wiederholen.	SuS hören zunächst nur zu, sprechen dann die neuen Wörter im Chor und anschließend einzeln nach.	Bildkarten	
Wiederholung Wortmaterial: TPR-Phase	L. nennt einzelne Adjektive und lässt SuS das entsprechende Bild zeigen.	SuS zeigen die richtigen Bilder.	Bildkarten	Variante: Zwei SuS spielen gegeneinander. Wer zuerst das richtige Bild zeigt, bekommt einen Punkt.
Entspannungsphase	L. spricht mit den SuS den Bewegungsreim *Le petit monstre*.	SuS sprechen und machen die Bewegungen mit.	Bewegungsreim	Jeder andere der Klasse bekannte Reim oder ein Lied können verwendet werden. Auch möglich: Gymnastik zur Lockerung; Anweisungen auf Französisch geben!

2. Mein Körper

Phasen	Lehrer	Schüler	Medien	Bemerkungen
Vertiefung I	L. lässt SuS zu den am Anfang eingeführten Bildkarten weitere Bildkarten zuordnen. L. führt einmal vor, was die SuS machen sollen: L. nimmt eine Karte aus einer Kiste, zeigt sie, sagt, was darauf zu sehen ist (z.B. „Il est maigre.") und heftet die Bildkarte unter die entsprechende Karte an der Tafel. Nach diesem Schema ordnen dann die SuS ihre Karten der richtigen Rubrik zu.	SuS ziehen Karten und ordnen diese den Bildkarten an der Tafel zu.	weitere Bildkarten	
Vertiefung II	L. spricht den Reim *Noir n'est pas blanc* vor und übt ihn mit den SuS.	SuS sprechen den Reim nach. (Chorsprechen auch in kleineren Gruppen möglich.)	Reim	Als Anreiz kann der Reim nach mehrmaligem Üben auch auf Tonband aufgenommen werden.
Wiederholung	L. lässt jeweils zwei SuS mehrere Bildkarten abhängen. Ein S. sagt, was auf einer der Karten zu sehen ist, ein anderer nimmt die entsprechende Karte ab und legt sie in die Schachtel zurück.	SuS hängen die Bildkarten ab.		

Bewegungsreim:

Le petit monstre

Le petit monstre sait compter.
Il pose ses doigts sur son gros nez.
Il tape sept fois avec son pied:
Un, deux, trois, quatre, cinq, six, sept,
Et c'est toi, la nouvelle bête!

©Frédéric Vermeersch, Marie-Catherine Tanguy
Bearbeitung: Michaela Sambanis

Reim:

Noir n'est pas blanc!

Noir n'est pas blanc.
Petit n'est pas grand.
Vert n'est pas gris.
Là-bas n'est pas ici.
Ici n'est pas là-bas.
Maman n'est pas papa.

© Clèlia Paccagnino, Marie-Laure Poletti

Bildkarten:

2. Mein Körper

Bildkarten:

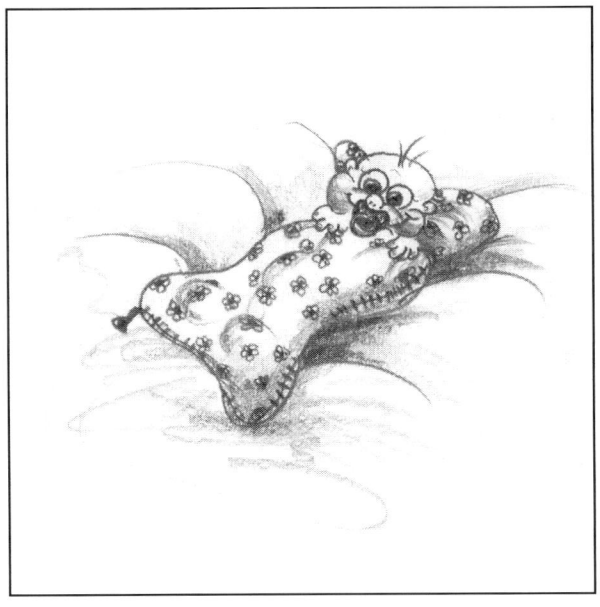

Bildkarten:

3. Familie und Freunde 35

Stundenthema: Meine Familie – *Ma famille*　　Empfohlenes Lernjahr: Klasse 1/2

Neues Wortmaterial/Strukturen:
la sœur, le frère, la mère, le père, la grand-mère, le grand-père; (la) maman, (le) papa

Notwendiges Vorwissen:
le, la, mon, ma, c'est …; einige Kleidungsstücke; Farben

Benötigte Medien:
Befindlichkeitsschieber, Lied, Bilder der Familienmitglieder, Reim

Phasen	Lehrer	Schüler	Medien	Bemerkungen
Einstieg	Begrüßungsritual			Siehe vorangestellte Erläuterungen.
Motivation	L. singt mit SuS das Lied *Bonjour*. Anschließend heftet L. den Befindlichkeitsschieber an die Tafel und fragt die SuS nach ihrem Befinden: „*Comment ça va?*" L. versprachlicht die nonverbale Antwort der SuS: „*Ah, ça va très bien / bien / mal / ça va.*" L. entfernt den Befindlichkeitsschieber, um diese Phase zu beenden.	SuS singen mit. Einige SuS kommen nach vorne und zeigen auf das für sie zutreffende Symbol. Eventuell sprechen einige SuS bereits nach.	Lied Befindlichkeitsschieber	
Präsentation	L. stellt nun zunächst ein Mädchen vor, dann ihren Vater, ihre Mutter, ihren Bruder. Dabei werden die entsprechenden Bilder sukzessive als Stammbaum angeheftet: „*Je vous présente Chantal. Elle a un frère, il s'appelle Nicolas. Chantal est la sœur de Nicolas. Chantal et Nicolas ont des parents: la mère et le père. C'est la mère de Chantal et de Nicolas. C'est le père de Chantal et de Nicolas.*" L. wiederholt: „*Voilà Chantal et son frère Nicolas, voilà la mère et le père de Chantal. Voilà Nicolas et sa sœur Chantal,…*"	SuS erkennen, dass es sich um eine Familie handelt.	Bilder der Familienmitglieder	Da *père*, *frère* und *mère* sehr ähnlich klingen, sollte darauf geachtet werden, dass sie bei ihrer Einführung nicht direkt nacheinander genannt werden und ihre Bedeutung durch die Bilder eindeutig definiert wird!

Phasen	Lehrer	Schüler	Medien	Bemerkungen
Wiederholung Wortmaterial	L. lässt SuS die Familienmitglieder zeigen: „Montre-moi Nadine!" „Montre-moi la mère!" „Montre-moi la sœur de Nadine!" „Montre-moi Nicolas!" „…"	SuS zeigen die entsprechenden Bilder.	Bilder der Familienmitglieder	
Präsentation	L. führt auf die gleiche Weise *le grand-père* und *la grand-mère* ein.	SuS zeigen die entsprechenden Bilder.	Bilder der Familie	
TPR-Phase	L. lässt SuS die Kleidung anmalen: „Colorie la cravate du père en bleu!" „Colorie le pull de Nicolas en rouge!" „Colorie le t-shirt de Chantal en jaune!" „Colorie la robe de la mère en orange!" „…"	SuS malen die Kleidung nach Vorgabe an.	Bilder der Familie	
Entspannungsphase	L. spricht mit SuS den Bewegungsreim *Le petit monstre*.	SuS sprechen den Bewegungsreim.	Reim	
Vertiefung	L. stellt Fragen zu den Familienmitgliedern: „Qui porte un chapeau / des lunettes / une cravate / une casquette…?" L. teilt die Arbeitsblätter aus und gibt Anweisungen, wie die Personen und die Kleidungsstücke auszumalen sind.	SuS zeigen die entsprechende Person und antworten: „Voilà le père / la mère…!" SuS malen die Arbeitsblätter aus.	Kleidung	
Hausaufgabe		SuS sollen Fotos ihrer eigenen Familie mitbringen oder ein Familienmitglied zeichnen.		Anhand der Fotos kann der Einstieg und die Vertiefung in der Folgestunde gestaltet werden.

Bewegungsreim: *Le petit monstre*

Le petit monstre
Le petit monstre sait compter.
Il pose ses doigts sur son gros nez.
Il tape sept fois avec son pied:
Un, deux, trois, quatre, cinq, six, sept!
Et c'est toi, la nouvelle bête!

© Frédéric Vermeersch, Marie-Catherine Tanguy
Bearbeitung: Michaela Sambanis

3. Familie und Freunde

Bildkarten:

Mögliche Vorlage für einen Befindlichkeitsschieber:

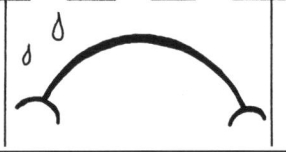

Stundenthema: Meine Freunde – *Mes amis*

Empfohlenes Lernjahr: Klasse 1/2

Neues Wortmaterial/Strukturen:
le copain, la copine, s'appeler, l'ami/un ami, l'amie/une amie, les amis/ des amis, Qui est-ce?

Benötigte Medien:
Bilder aller Familienmitglieder, Lied, gemalte Bilder der SuS

Notwendiges Vorwissen:
Das Wortfeld *Ma famille* sollte schon bekannt sein.

Phasen	Lehrer	Schüler	Medien	Bemerkungen
Einstieg	Begrüßungsritual			Siehe vorangestellte Erläuterungen.
Wiederholung	L. heftet Bilder einer Familie ungeordnet an die Tafel. Er bittet SuS, bestimmte Familienmitglieder zu zeigen und an die andere Tafelseite zu heften. Dabei achtet er darauf, dass jetzt ein geordneter Stammbaum entsteht: „*Montre-moi la mère!*" „*Oui, très bien, c'est la mère.*" „*Prends le dessin et mets-le ici!*" (L. zeigt S. die richtige Stelle.)	SuS zeigen die entsprechenden Bilder und heften sie an.	Bilder aller Familienmitglieder	Nach Möglichkeit sollte dieselbe Familie verwendet werden, die schon bei der Einführung von *Ma famille* vorgestellt wurde, um den SuS die Reaktivierung der dort gelernten Vokabeln zu erleichtern.
Präsentation	Nachdem die ganze Familie auf diese Art wiederholt wurde, stellt L. mithilfe von weiteren Bildern Freunde der beiden Kinder vor. „*C'est la famille de Chantal.*" „*Chantal a des amis!*" „*Regardez cette jeune fille, elle s'appelle Florence!*" „*C'est la copine de Chantal.*" (heftet Florence neben Nadine) „*Voici Laure. Elle est la copine de Nicolas.*" (heftet Laure neben Nicolas) „*Et voilà Pascal, c'est le copain de Nicolas.*" (heftet Pascal neben Nicolas) „*Voilà Cédric, le copain de Nadine.*" (heftet Cédric neben Nadine)	SuS zeigen die entsprechenden Bilder.	Bilder der Familie und von vier Freunden der Kinder	

3. Familie und Freunde

Phasen	Lehrer	Schüler	Medien	Bemerkungen
Wiederholung Wortmaterial	L. lässt SuS die Freunde zeigen: *„Montre-moi Florence, la copine de Nadine!"* *„Montre-moi Pascal, le copain de Nicolas!"* *„Montre-moi les amis de Nicolas / de Nadine!"* L. zeigt auf einen S. und fragt: *„Qui est-ce?"* (S. antwortet) *„Et qui est ta copine / ton copain?"* (S. antwortet) L. bestätigt oder fragt nach: *„Oui, c'est la copine / le copain de…, tu es la copine / le copain de…"*	SuS zeigen die entsprechenden Bilder. SuS antworten: *„C'est… (la copine / le copain de…)."*		
Entspannungsphase	L. singt mit SuS das Lied *Frère Jacques*.	SuS singen das Lied.	Lied	Auch jedes andere bekannte Lied kann gesungen werden.
Wiederholung	L. lässt alle SuS sich selbst mit einem guten Freund/ einer Freundin malen. Dann stellen alle ihre Freunde vor. L. fragt: *„Qui est-ce?"*	SuS stellen ihre Freunde vor: *„C'est…, ma copine / mon copain."*	gemalte Bilder der SuS	

Bildkarten:

3. Familie und Freunde

Bildkarten:

Stundenthema: Auf dem Bauernhof – À la ferme | Empfohlenes Lernjahr: Klasse 1/2

Neues Wortmaterial/Strukturen:
la souris, le mouton, la vache, le canard, le chat, le cochon, le chien, le cheval, l'animal/un animal, les animaux/des animaux

Benötigte Medien:
Kuscheltiere bzw. Bildkarten von Tieren, vier Plakate, Lied

Notwendiges Vorwissen:
Je suis… / Je ne suis pas…

Phasen	Lehrer	Schüler	Medien	Bemerkungen
Einstieg	Begrüßungsritual			Siehe vorangestellte Erläuterungen.
Motivation	L. stellt einen Karton mit allen Kuscheltieren außer der Maus auf einen Tisch und lässt SuS die Tiere einzeln herausholen. Dabei nennt L. die Tiernamen: „*Regardez, c'est un chien / un cochon…*" „*Salut chien!*" L. zeigt dabei deutlich die Tiere. Die vorgestellten Tiere setzt er auf einen anderen Tisch. L. zeigt auf alle Tiere und führt die Vokabel *animaux* ein: „*Ce sont des animaux.*" Die Tiere begrüßen sich gegenseitig: „*Salut mouton!*" „*Salut chien!*" …	SuS kommen vor, holen die Tiere aus dem Karton und zeigen sie der Klasse.	Kuscheltiere/ Bildkarten	Wenn keine Kuscheltiere zur Verfügung stehen, können auch Bildkarten für die Geschichte verwendet werden.
Präsentation	L. stellt die Maus vor, ohne ihren Tiernamen zu nennen. Er führt sie mit allen anderen Tieren die Geschichte von der Maus vor, die nicht wusste, was für ein Tier sie ist. Maus: „*Salut les enfants. Je suis un animal. Mais quel animal? Suis-je un cochon? Suis-je un chat?*" (L. imitiert jeweilige Tierlaute) „*Je ne sais pas!*" L. bringt jetzt ein anderes Tier ins Spiel: Kuh: „*Salut!*" Maus: „*Salut! Es-tu un animal?*" Kuh: „*Oui, je suis une vache, et toi?*"	SuS hören zu und verbinden die Tiernamen mit den vorgestellten Tieren; Spontanäußerungen sind möglich (z. B. Wiederholen der Tierlaute, Mitsprechen von *Salut, non,…*)	Kuscheltiere/ Bildkarten	Mimik und Gestik des Lehrers sind wichtig!

4. Tiere

Phasen	Lehrer	Schüler	Medien	Bemerkungen
	Maus: „*Je ne sais pas. Suis-je une vache aussi?*" (piepiges Mouh!!!) Kuh: „*Non. Désolé. Salut!*" Maus: „*Salut vache. Je suis triste. Je ne suis pas une vache, mais je suis un animal.*" L. setzt die Kuh auf einen anderen Tisch, nicht zu den restlichen Tieren und spielt den gleichen Dialog mit einem anderen Tier durch, bis die Maus alle Tiere kennengelernt hat. Am Ende holt er eine zweite Maus hervor, die die erste Maus trifft. 1. Maus: „*Salut. Es-tu un animal?*" 2. Maus: „*Oui, je suis une souris, comme toi. Regarde, toi aussi tu es une souris.*" 1. Maus: „*Une souris?*" 2. Maus: „*Oui, bien sûr, une souris.*" 1. Maus: „*Génial! Je suis une souris!*"			
TPR-Phase	L. teilt SuS Bildkarten mit den Tieren aus der Geschichte aus und erteilt Arbeitsanweisungen: „*Regardez vos images! Qui a un cochon? Levez-vous! Mettez les cochons sous la table!*" … L. macht mehrere Durchgänge, dann lässt er die Tiere unter die Tische legen: „*Maintenant, tous les animaux sont fatigués. Ils veulent aller se coucher!*" „*Bonne nuit, cochons!...*" „*Mettez tous les dessins sous la table!*"	SuS verbinden die Tiernamen mit den entsprechenden Bildkarten; sie befolgen die Anweisungen.	Bildkarten mit Tieren	
Vertiefung (evtl. erst in der Folgestunde)	L. heftet vier typische Bauernhofbereiche an die Tafel und führt die entsprechenden Wörter ein: „*Voilà un étang, une ferme, une étable, un pâturage.*" Er fordert die SuS auf, ihre Tiere richtig zuzuordnen und macht ein Beispiel vor: „*Regardez, c'est un chien, le chien du fermier. Il habite à la ferme.*" L. heftet den Hund auf das richtige Plakat. Weitere Tiere werden entsprechend zugeordnet.	SuS heften ihre Tiere auf das entsprechende Plakat an der Tafel.	vier Plakate, Bildkarten	Diese Übung kann autokorrektiv gestaltet werden, indem man den Plakaten und den dazugehörigen Bildkarten einen Rand in derselben Farbe gibt.

Phasen	Lehrer	Schüler	Medien	Bemerkungen
Song	L. singt die erste Strophe von *Le fermier dans son pré* vor und fordert die SuS auf, mitzusingen.	SuS singen mit.	Lied	
Vertiefung	L. lässt SuS jeweils ein Tier aller Tierarten auf eine freie Tafelseite heften, sodass die Tiere untereinander angeordnet sind. „*Voilà une vache. Prends l'image et attache-la au tableau!*" „*...*" Dann bringt er auf der anderen Tafelseite die passende Bilder durcheinandergemischt an. Er spricht Sätze zu den einzelnen Tieren vor und fordert die SuS auf, das passende Bild zu finden und danebenzuheften. L. wiederholt jetzt die Sätze und zeigt dabei auf die entsprechenden Bilder. „*La vache... donne du lait.*" „*Le canard... aime nager et plonger.*" „*Le mouton... donne de la laine.*" „*Le chien... n'aime pas le chat.*" „*Le chat... attrape la souris.*" „*Le cheval... aime les morceaux de sucre.*" „*Le cochon... est rose.*" „*La souris... aime le fromage.*" Nachdem die Sätze mehrmals von den SuS gehört wurden, kann der L. Sätze **ohne** die Tiernamen bilden; die SuS müssen dann das richtige Tier nennen: „*Je cherche un animal qui donne du lait.*" L. kann auch Nonsenssätze bilden und die SuS fragen, ob die Aussage stimmt oder nicht: „*Le cheval est rose. Oui ou non? / Juste ou faux?*"	SuS heften die genannten Tiere untereinander an die Tafel. SuS zeigen die passenden Bilder und heften sie neben die entsprechenden Tiere. SuS verbinden die Sätze beim Zuhören mit den Bildern. SuS nennen die zu erratenden Tiere: „*C'est une vache.*" „*C'est un canard.*" „*...*" SuS sagen, ob die Aussage stimmt oder nicht: „*Oui! / Non!*"	Bildkarten an der Tafel	L. macht Skizzen zu den Tieren und wiederholt die Schlüsselwörter, z. B. Käse bei der Maus. **Alternative:** Als Alternative könnte man hier auch eine Bewegungseinheit zur Auflockerung des tafelorientierten Arbeitens wählen. „*Cours comme un cheval.*" „*...*"

4. Tiere

Bildkarten:

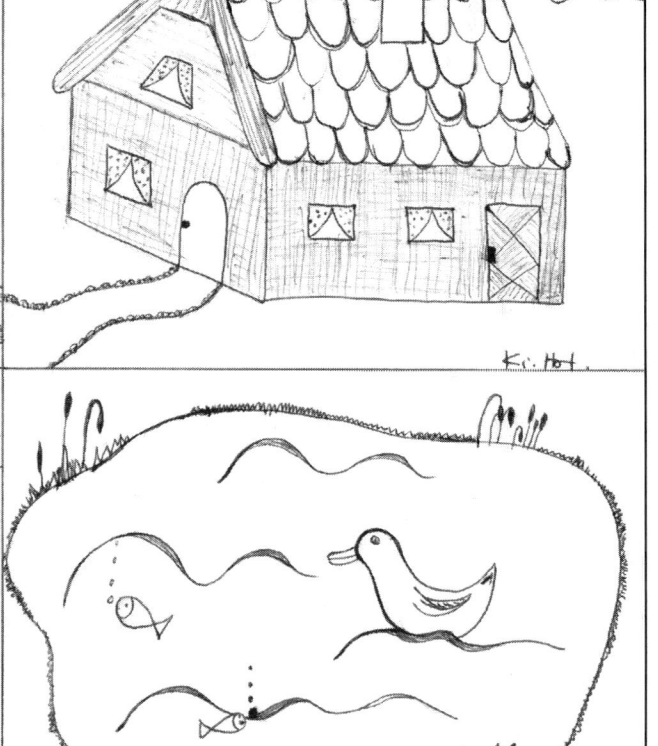

Stundenthema: Meine Spielsachen – Mes jouets

Empfohlenes Lernjahr: Klasse 1/2

Neues Wortmaterial/Strukturen:
l'ours en peluche, le train, l'avion, la poupée, le cerf-volant, la voiture, le ballon de foot, aimer, ne pas aimer, les jouets

Benötigte Medien:
Befindlichkeitsschieber, zwei Körbe mit Spielzeug, Hand- oder Fingerpuppe, Lied, Bildkarten, Reim.

Notwendiges Vorwissen:
Farben, Klassenzimmersprache

Mögliche Weiterführung:
J'aime… / Je n'aime pas…

Phasen	Lehrer	Schüler	Medien	Bemerkungen
Einstieg	Begrüßungsritual			Siehe vorangestellte Erläuterungen.
Motivation	L. heftet den Befindlichkeitsschieber an die Tafel und fragt die SuS nach ihrem Befinden: *„Comment ça va?"* L. versprachlicht die nonverbale Antwort der SuS: *„Ah, ça va très bien / bien / mal / ça va."* L. entfernt den Befindlichkeitsschieber, um diese Phase zu beenden.	Einige SuS kommen nach vorne und zeigen auf das für sie zutreffende Symbol. Eventuell sprechen einige SuS bereits nach.	Befindlichkeitsschieber	
Demonstration	L. lässt einen Sitzkreis bilden: *„Mettez-vous en cercle!"* L. hat zwei abgedeckte Körbe und die Hand- oder Fingerpuppe *Jacques* (J.) dabei. Ein Dialog wird präsentiert: J.: *„Qu'est-ce qu'il y a dans ton panier?"* L.: *„Il y a un ours en peluche. Tu aimes les ours en peluche?"* J.: *„Oui, j'aime les ours en peluche. Moi aussi, j'ai un ours en peluche."* (holt Teddy aus seinem Korb heraus) (gleiches Verfahren mit den restlichen Vokabeln)	SuS setzen sich in den Sitzkreis und beobachten den Dialog zwischen L. und Handpuppe.	zwei Körbe mit Spielzeug (je einen für L. und einen für die Handpuppe); Hand- oder Fingerpuppe	Semantisierung der neuen Vokabeln in einer konkreten Situation.

5. Meine Spielsachen

Phasen	Lehrer	Schüler	Medien	Bemerkungen
TPR-Phase	L. fordert SuS auf, mit den Spielsachen zu handeln. „X, prends l'ours en peluche et donne l'ours en peluche à Y!" „X, prends le train et donne le train à Z!" „X, prends l'avion et mets l'avion sur la chaise!" „X, prends la poupée et mets la poupée au milieu du cercle!" „X, prends le cerf-volant et donne le cerf-volant à Y!" „...." Zum Abschluss dieser Phase lässt L. alle Spielsachen wieder einzeln in den Korb legen: „Prends l'ours en peluche et mets l'ours en peluche dans le panier!" „...."	SuS zeigen ihr Hörverstehen durch Ausführen der entsprechenden Handlungen.	Spielsachen oder Bildkarten	SuS haben Gelegenheit, sich zu bewegen und ihre Hypothesen bezüglich der neuen Vokabeln zu bestätigen oder zu verwerfen.
Auflockerung	L. stimmt mit den SuS ein bekanntes Lied an, z. B. *La ballade des chiffres*. L. gibt die Anweisung, den Sitzkreis aufzulösen: „Retournez à vos places!"	SuS singen mit. SuS gehen zurück an ihren Platz.	Lied	Im Anfangsunterricht sind Bewegungslieder und -reime besonders geeignet, um Auflockerung und Entspannung zu verschaffen.
Festigung	L. heftet Bildkarten mit den eingeführten Spielsachen an die Tafel und fordert die SuS auf, bestimmte Spielsachen zu zeigen: „Montre-moi l'avion!" „...." Nach jeder Bildkarte spricht L. die Vokabel vor und bittet die SuS, sie nachzusprechen.	SuS zeigen auf entsprechende Bildkarten. SuS sprechen nach (im Chor, einzeln, laut, leise, ...).	Bildkarten an Tafel	
Auflockerung	L. spricht mit den SuS den Bewegungsreim *Je tourne ma tête*.	SuS sprechen den Reim und bewegen sich dazu.	Reim	
Vertiefung	L. verteilt Arbeitsblatt an die SuS. → Cut-out-Verfahren: Gemeinsam werden die französischen Anweisung	SuS schneiden die Bilder aus, die nicht zu den Spielsachen gehören.	Arbeitsblatt	

Phasen	Lehrer	Schüler	Medien	Bemerkungen
	des Lehrers folgend, die Bilder, die keine Spielsachen darstellen, von der Randbestückung ausgeschnitten und entfernt: „*Voilà mes jouets. Mais qu'est-ce que c'est? Un tableau? Ce n'est pas un jouet. Découpez le tableau!*"			

Bewegungsreim:
Je tourne ma tête

Je tourne la tête,
je baisse la tête,
je lève les bras
pour faire la fête.
Je tire les cheveux,
je ferme les yeux,
je touche les pieds,
je tire le nez,
je claque les mains
en haut, en bas et au milieu!

aus: Bonne Chance-Moi
Bearbeitung: Michaela Sambanis
© Finken-Verlag GmbH, Oberursel – www.finken.de

5. Meine Spielsachen

Bildkarten zu Arbeitsblatt 2:

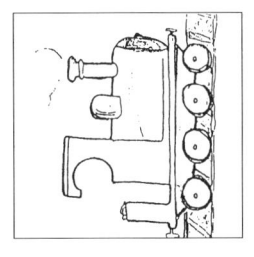
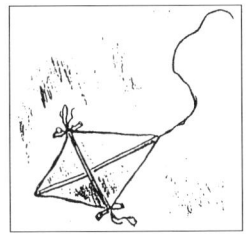
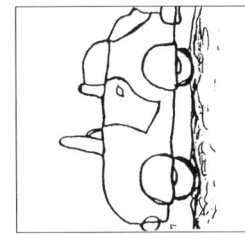
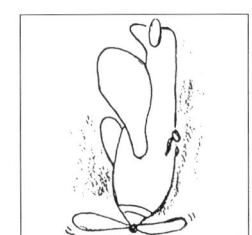

Bildkarten zu Arbeitsblatt 1:

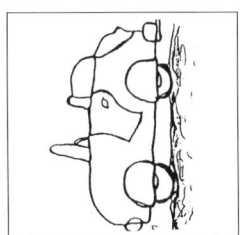
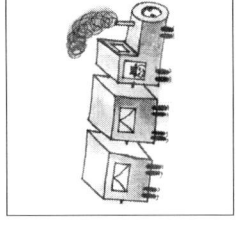
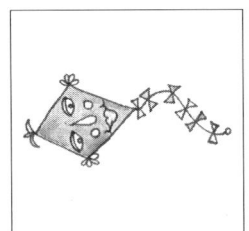
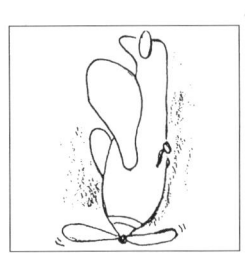

50 5. Meine Spielsachen

Arbeitsblatt 2 (Variante zu Arbeitsblatt 1):

mes jouets

Arbeitsblatt 1:

5. Meine Spielsachen

Stundenthema: Welche Spielsachen magst du? – Empfohlenes Lernjahr: Klasse 1/2
Aimer/ne pas aimer

Neues Wortmaterial/Strukturen: *l'avion, le ballon, le chien, l'ours, la poupée, le train, la voiture*	**Notwendiges Vorwissen:** *elle, il*
Benötigte Medien: Spielsachen: Auto, Flugzeug, Bär, Hund, Ball, Zug, Puppe, Tasche, Bildkarten, Arbeitsblatt	

Phasen	Lehrer	Schüler	Medien	Bemerkungen
Einstieg	Begrüßungsritual			Siehe vorangestellte Erläuterungen.
Motivation	L. lässt SuS aus einer Box, Tasche etc. Spielsachen auspacken und benennt diese: „C'est un ballon." „C'est une poupée." „…"	SuS sehen die Spielsachen und hören die französischen Bezeichnungen.	Tasche mit Spielsachen	Chorsprechen ist hier gut möglich. Nach drei bis vier präsentierten Spielsachen sollten erst diese wiederholt werden, bevor weitere eingeführt werden.
Vertiefung	L. gibt Anweisungen, was SuS mit den Spielsachen machen sollen: „Donne la poupée à Anne!" „Mets l'avion sur la table!" „Mets le chien devant la porte!" „Où est la voiture?" „…"	SuS befolgen die Anweisungen.	Spielsachen	
TPR-Phase I	L. arbeitet mit Tafelbild und macht durch Mimik deutlich, ob die SuS das jeweilige Spielzeug mögen oder nicht.	SuS ordnen Bildkarten den Figuren zu und heften die Bildkarten aus der Mitte entsprechend an.	Bildkarten, Bildkarten Kinder: Mädchen und Junge	SuS haben Freude an solchen Phasen und es entsteht ein Anlass, viele Sätze nach dem

5. Meine Spielsachen

Phasen	Lehrer	Schüler	Medien	Bemerkungen
	L. kommentiert: „Il aime…" „Elle n'aime pas…"	Dann dürfen einzelne SuS zur Tafel kommen und entsprechend bei Mädchen / Junge anheften, was sie mögen und was nicht.		Grundmuster vorzusprechen.
TPR-Phase II	L. fordert SuS auf, die Spielsachen wieder in die Tasche zu packen: „Mets la / le … dans le sac!"	SuS packen die Spielsachen ein.	Tasche, Spielsachen	
Abschluss	L. lässt das Arbeitsblatt bearbeiten. Er nennt die Farben der Spielsachen, die SuS malen sie entsprechend aus: „La voiture est rouge." „L'avion est jaune." „…" L. kommentiert und lobt auf Französisch.	SuS bearbeiten das Arbeitsblatt. Einzelne Kinder stellen ihre Arbeiten vor.	Arbeitsblatt	Diese Aufgabe ist als Farbendiktat gedacht, L. sollte deshalb darauf achten, dass die SuS ihr Arbeitsblatt tatsächlich in den verlangten Farben ausmalen.

Tafelbild:

Zeichnung von einem Mädchen

Zeichnung von einem Jungen

Bildkarten mit Spielsachen:

5. Meine Spielsachen

Bildkarten/Arbeitsblatt:

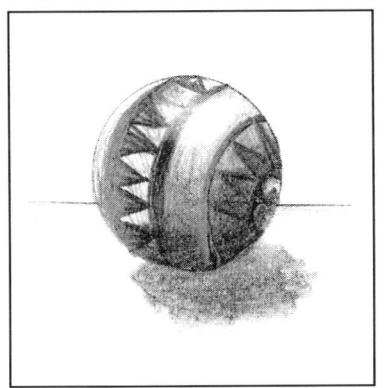  

Vorlage für das Tafelbild:

6. Kultur entdecken

Stundenthema: Wir schmücken den Weihnachtsbaum – *Décorer le sapin de Noël*		Empfohlenes Lernjahr: Klasse 1/2
Neues Wortmaterial/Strukturen: *le sapin, la bougie, la boule, la guirlande, l'ange, la clochette, l'étoile* **Benötigte Medien:** Reim, Lied, Bildkarten, Arbeitsblatt		**Notwendiges Vorwissen:** *Zahlen und Farben*

Phasen	Lehrer	Schüler	Medien	Bemerkungen
Einstieg	Begrüßungsritual			Siehe vorangestellte Erläuterungen.
Motivation: TPR-Phase	L. zählt SuS durch und wiederholt diesen Vorgang mit einigen freiwilligen SuS. L. lässt eine bestimmte Anzahl von Punkten an die Tafel zeichnen: „*Dessine trois points rouges au tableau!*" „…" L. spricht den Sprechvers mit Fingerspiel von der kleinen grauen Katze mit den SuS: *Le petit chat gris* (in jedem Durchgang wird eine Maus weniger gefangen).	SuS zählen mit und trauen sich auch, alleine zu zählen. SuS zeigen Hörverstehen durch Anzeichnen der richtigen Anzahl von Punkten (in der richtigen Farbe). SuS sprechen den Reim mit und bewegen Finger und Hände entsprechend.	Tafel	An die Stelle der „*points*" können auch erste Substantive treten, die einfach abzubilden sind. Bei weiblichen Substantiven ist auf die Veränderung der variablen Adjektive zu achten.
Präsentation und TPR-Phase	L. klappt die Tafel auf, an der ein „nackter" Weihnachtsbaum hängt. L. zeigt die verschiedenen Dekorationsgegenstände und spricht sie vor: „*Voilà une bougie. Mets la bougie sur une branche du sapin!*" „*Voilà une boule (rouge). Mets la boule sur une branche du sapin!*" „*Voilà un ange. Mets l'ange sur une branche du sapin!*" „*Voilà une étoile. Mets l'étoile tout en haut!*" „*Voilà une guirlande. Mets la guirlande sur une branche du sapin!*"	SuS sprechen nach: im Chor / einzeln. SuS heften die Dekoration an den Weihnachtsbaum.	Plakat oder Tafelzeichnung: Weihnachtsbaum Bilder: Girlande, Kugel, Stern, Engel, Kerze	Der Weihnachtsbaum kann zunächst ein trauriges Gesicht machen. Nach dem Dekorieren wird der Mund des Weihnachtsbaums herumgedreht, sodass er glücklich aussieht.

Phasen	Lehrer	Schüler	Medien	Bemerkungen
Übung und Überprüfung der Lernziele	L. verteilt Arbeitsblatt mit einem „nackten" Weihnachtsbaum und gibt Anweisungen, womit dieser nun zeichnerisch geschmückt werden soll: „*Dessine / Dessinez 12 bougies rouges!*" „*Dessine / Dessinez 3 étoiles jaunes!*" „*Dessine / Dessinez une guirlande bleue!*" „*Dessine / Dessinez un ange blanc!*"	SuS zeichnen Weihnachtsdekoration auf das Arbeitsblatt.	Arbeitsblatt	Bilderdiktat
Entspannung	Lied: *Mon beau sapin*	SuS singen das Lied.		
Festigung TPR-Phase	L. fordert SuS auf, den Baum an der Tafel wieder abzuschmücken: „*Prends la guirlande et mets la guirlande dans la boîte!*" „….."	SuS nehmen die Gegenstände ab und wiederholen dabei die neuen Vokabeln.	Tafel	

Reim:

Un petit chat gris dort.
Sur son dos dansent **cinq** petites souris.
Le petit chat gris
attrape une des **cinq** souris.
Oh, oh, tant pis!

Un petit chat gris dort.
Sur son dos dansent **quatre** petites souris.
Le petit chat gris
attrape une des **quatre** souris.
Oh, oh, tant pis!

Un petit chat gris dort.
Sur son dos dansent **trois** petites souris.
…

Un petit chat gris dort.
Sur son dos dansent **deux** petites souris.
…

Un petit chat gris dort.
Sur son dos danse **une** petite souris.
Le petit chat gris
attrape **la petite souris**.
Oh, oh, tant pis!

(linke Hand liegt leicht gewölbt auf dem Tisch.
5 Finger der rechten Hand tanzen auf dem Handrücken

linke Hand packt die rechte Hand
Achselzucken, Hände vorzeigen

s. o.)

6. Kultur entdecken

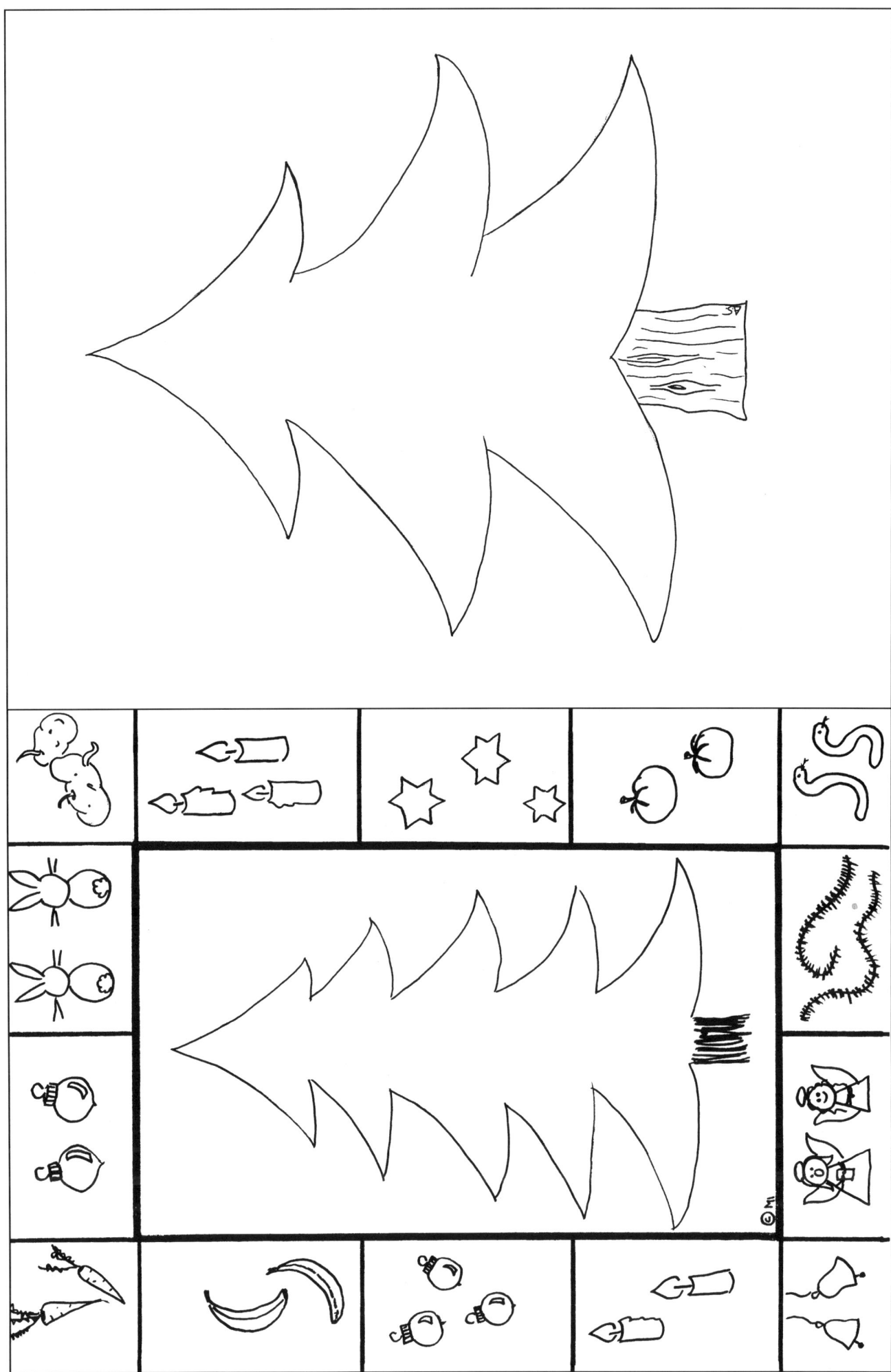

58 6. Kultur entdecken

Stundenthema: Weihnachten in Frankreich – *Noël en France*

Empfohlenes Lernjahr: Klasse 3

Neues Wortmaterial/Strukturen:
le cadeau, la boule, l'ange, l'étoile

Benötigte Medien:
zwei Kalenderblätter, Wortkarten, Bildkarten, Informationstext, Folie mit Weihnachtsmann, Arbeitsblatt

Notwendiges Vorwissen:
Joyeux Noël

Phasen	Lehrer	Schüler	Medien	Bemerkungen
Einstieg	Begrüßungsritual			Siehe vorangestellte Erläuterungen.
Motivation	L. begrüßt die SuS, zeigt ein großes Kalenderblatt vom 24.12. und fragt, was das sei ... (Antwort: ein Kalenderblatt) und ob das ein besonderer Tag sei. (Antwort: Weihnachten!) L. lässt einen S. *Weihnachten* unter das Datum kleben und das Kalenderblatt anheften. L. zeigt dann das Kalenderblatt vom 25.12. und erklärt, dass man in Frankreich erst am 25.12. Weihnachten feiert. L. fragt, was Weihnachten auf Französisch heißt – ein S. klebt *Noël* auf das Kalenderblatt und heftet es neben das andere.	SuS geben Antwort, ein S. heftet das Kalenderblatt an.	zwei große Kalenderblätter, der 24.12. und 25.12., mit den entsprechenden Wochentagen zwei Wortkarten: *Noël* und Weihnachten	
Präsentation	L. erzählt, wie man in Frankreich Weihnachten feiert.	SuS machen Bemerkungen, z. B. welche Unterschiede sie erkennen.	Informationstext	
Französischer Einstieg	L. lässt das Symbol für den Französischunterricht anbringen und spricht ab jetzt französisch mit den SuS. L. schreibt *Noël en France* neben das Kalenderblatt des 25.12.	SuS können den Schriftzug in der Luft nachahmen oder ihn mit dem Finger auf die Schulbank/den Rücken des Nachbarn schreiben.	Tafel	

6. Kultur entdecken

Phasen	Lehrer	Schüler	Medien	Bemerkungen
Vertiefung	L. legt eine Folie mit einem Weihnachtsmann und einer leeren Sprechblase auf. L. deckt zunächst die Sprechblase ab und fragt: „Regardez, qui est-ce?" L. schreibt *Le Père Noël* über die Abbildung, teilt jedem S. einen solchen Weihnachtsmann aus und lässt die SuS *Le Père Noël* abschreiben. L. zeigt jetzt auf die leere Sprechblase und sagt: „Regardez ce qu'il dit!" L. schreibt *Joyeux Noël* in die Sprechblase, SuS schreiben es ab.	SuS antworten: „C'est Papa Noël/le Père Noël!" oder „Der Weihnachtsmann!" SuS wünschen sich gegenseitig *Joyeux Noël* (rechter Nachbar/linker Nachbar, …). SuS schreiben ab.	Folie mit Weihnachtsmann und einer leeren Sprechblase, Arbeitsblatt	Aus dem Arbeitsblatt kann eine Weihnachtskarte gebastelt werden.
Alternative	L. bringt Wortkarten an der Tafel an und liest einzelne Wörter vor: „Ce sont deux anges." „C'est un cadeau." „…"	SuS zeigen das entsprechende Wortbild (Mitleseverfahren) und ordnen es der entsprechenden Bildkarte zu.	Wort- und Bildkarten	
Hausaufgabe		SuS gestalten das Arbeitsblatt farbig.	Arbeitsblatt	Tipp: in der folgenden Stunde sollten einige Weihnachtswünsche der SuS aufgelistet und die Wörter z. B. als Wortkartenthek auf Französisch zur Verfügung gestellt werden. Das zweite Arbeitsblatt *Papa Noël apporte les cadeaux* kann von den SuS individuell erarbeitet werden.

Informationstext

Weihnachten in Frankreich

In Frankreich feiert man Weihnachten anders als bei uns in Deutschland. Am 24. Dezember abends, wenn es bei uns die Geschenke gibt, passiert in Frankreich noch nicht viel… Es gibt nur ein festliches Abendessen im engsten Kreise der Familie. Zum Festessen gehört auch die *Bûche de Noël*, eine Buttercremerolle in Form eines Baumstammes. Um Mitternacht besuchen viele Menschen die Christmette (*messe de minuit*). Am 25. Dezember, wenn in Deutschland alle Kinder lange schlafen, weil sie am Weihnachtsabend vorher so lange wach waren, stehen alle französischen Kinder ganz früh auf. Sie wollen nachsehen, ob der Weihnachtsmann ihnen Geschenke gebracht hat! *Papa Noël* kam früher nachts durch den Kamin in die Häuser und legte die Geschenke in die Stiefel, die die Kinder am Abend vorher unter den Baum gestellt hatten. Viele französische Familien stellen zu Weihnachten eine Krippe auf, und auch der Weihnachtsbaum ist inzwischen weithin bekannt. Am 25.12. isst die Familie ausgiebig zu Mittag. Dieses Mittagessen dauert manchmal sogar bis zum Abend! Viele Franzosen laden dazu auch ihre Verwandten ein.

Bildkarten:

Joyeux Noël		

	🎄	

- Noël
- Weihnachten
- Joyeux Noël
- le sapin
- le cadeau
- la clochette
- la boule
- l'ange
- l'étoile
- la bougie

Décembre 24

Décembre 25

6. Kultur entdecken

Stundenthema: Nahrungsmittel – *La petite chenille*   Empfohlenes Lernjahr: Klasse 3

Neues Wortmaterial/Strukturen:
un bonbon, un flan, de la crème, un gâteau, un sandwich, une saucisse, un hamburger, une pizza, des frites, une glace, une tablette de chocolat, un bretzel, un yaourt, une orange, un melon, une prune, une banane, un citron, une poire, une pomme, un fromage, une carotte, un concombre, des petits pois

Benötigte Medien:
la chenille (z. B. aus einer alten Socke), verschiedene Nahrungsmittel (Bildkarten)

Notwendiges Vorwissen:
Je suis …

Phasen	Lehrer	Schüler	Medien	Bemerkungen
Einstieg	Begrüßungsritual			Siehe vorangestellte Erläuterungen.
Motivation	L. fordert die SuS auf, sich vorzustellen, sie seien im Theater. Er stellt dann die kleine Raupe vor: „*Salut, je suis la petite chenille!*"	SuS hören zu.	*La petite chenille*, z. B. aus einer alten Socke	
Präsentation	L. erzählt die Geschichte der kleinen Raupe (C.), die sich durch verschiedene Nahrungsmittel durchfrisst. Dabei zeigt er jeweils die Bildkarte. C.: „*Je suis la petite chenille et j'ai faim, même très faim!* *Salut, qu'est-ce que c'est?*" L.: „*C'est un bonbon.*" C.: „*Mmh, délicieux! Un bonbon. J'ai faim! Tu me donnes le bonbon?*" L.: „*Bien sûr, voilà, pour toi. Vas-y, mange!*" C.: „*C'est bon! C'est délicieux!*" L. lässt die Raupe die Nahrungsmittel essen. Er wiederholt genau denselben Dialog mit allen anderen Nahrungsmitteln, z. B. *de la crème, un sandwich, une saucisse, un hamburger, …*	SuS hören die Nahrungsmittel und sehen zugleich die entsprechende Bildkarte dazu.	*La petite chenille*, Nahrungsmittel auf Bildkarten	In der Geschichte können auch Farbadjektive, Zahlen und Wochentage gut wiederholt werden.

7. Essen und Trinken

Phasen	Lehrer	Schüler	Medien	Bemerkungen
Wiederholung Reproduktion	L. teilt Karten mit den Nahrungsmitteln aus und erteilt den SuS Anweisungen: „La petite chenille mange un bonbon. Montrez-moi les dessins!" „Maintenant, mettez les bonbons sous la table." L. zeigt verschiedene Bilder: „Qu'est-ce que c'est? Un sandwich. La petite chenille mange le sandwich." (Essgeräusche, z. B. „crounch, crounch" simulieren das Aufessen)	Die SuS zeigen ihre Bildkarten und führen die Anweisung aus. Die SuS sprechen in Kleingruppen nach.	Bildkarten	Vorbereitung: Eine Bildkarte sollte für jeden S. vorhanden sein (Kopie).
TPR-Phase	L. teilt die Klasse in zwei Gruppen ein, die sich vor der Tafel aufstellen. Er nennt einen Begriff, zu dem die ersten zwei SuS so schnell wie möglich das passende Bild berühren müssen. Die Gruppe des schnelleren S. bekommt einen Punkt. Der nächste S. rückt auf.	SuS berühren schnell die Bilder an der Tafel.	Bildkarten an der Tafel	
Rhythmisierung	L. lässt SuS rhythmische Sequenzen nachsprechen und dabei die entsprechenden Bildkarten hochhalten. Er unterstreicht die Rhythmisierung durch Klatschen: „Gâteau et saucisse." „Saucisse et gâteau…" „…"	SuS sprechen die rhythmischen Sequenzen nach.	Bildkarten	Ein „La petite Chenille-Büchlein" für jeden S. kann entstehen.
Weiterführung	Die Geschichte selbst sollte in den Folgestunden mehrfach erzählt werden, sodass die SuS zunehmend die Möglichkeit bekommen, sich nonverbal und verbal zu beteiligen.			

7. Essen und Trinken

Bildkarten:

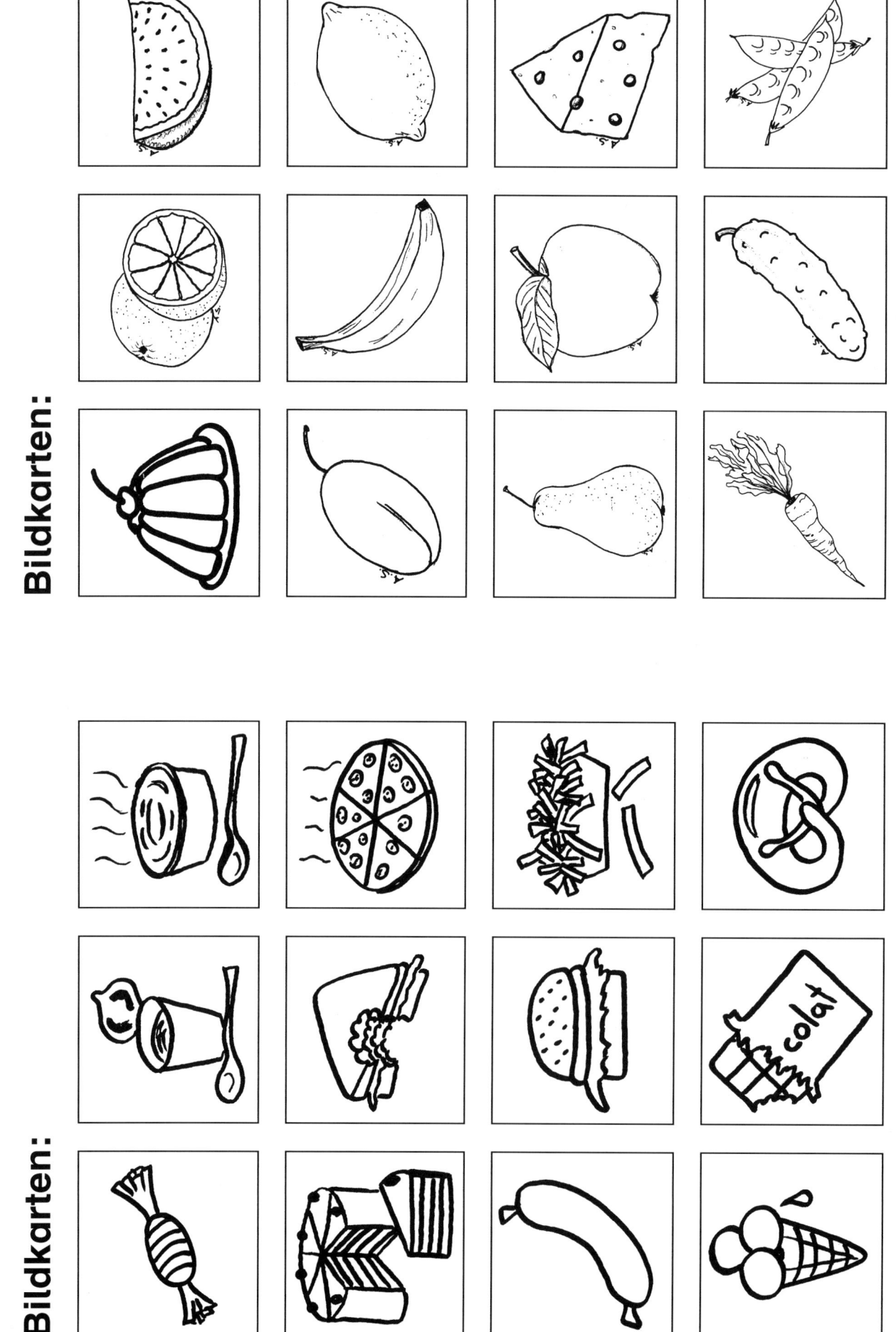

Bildkarten:

7. Essen und Trinken

4. Für die Borsten schneidet man ein ca. 20 cm langes Stück Bast ab. Mithilfe einer Nadel fädelt man den Bast in die Socke ein, schneidet etwa 2 cm lange Borsten ab und verknotet die Enden. Dieser Vorgang wird entsprechend der gewünschten Anzahl von Borsten beliebig oft wiederholt.

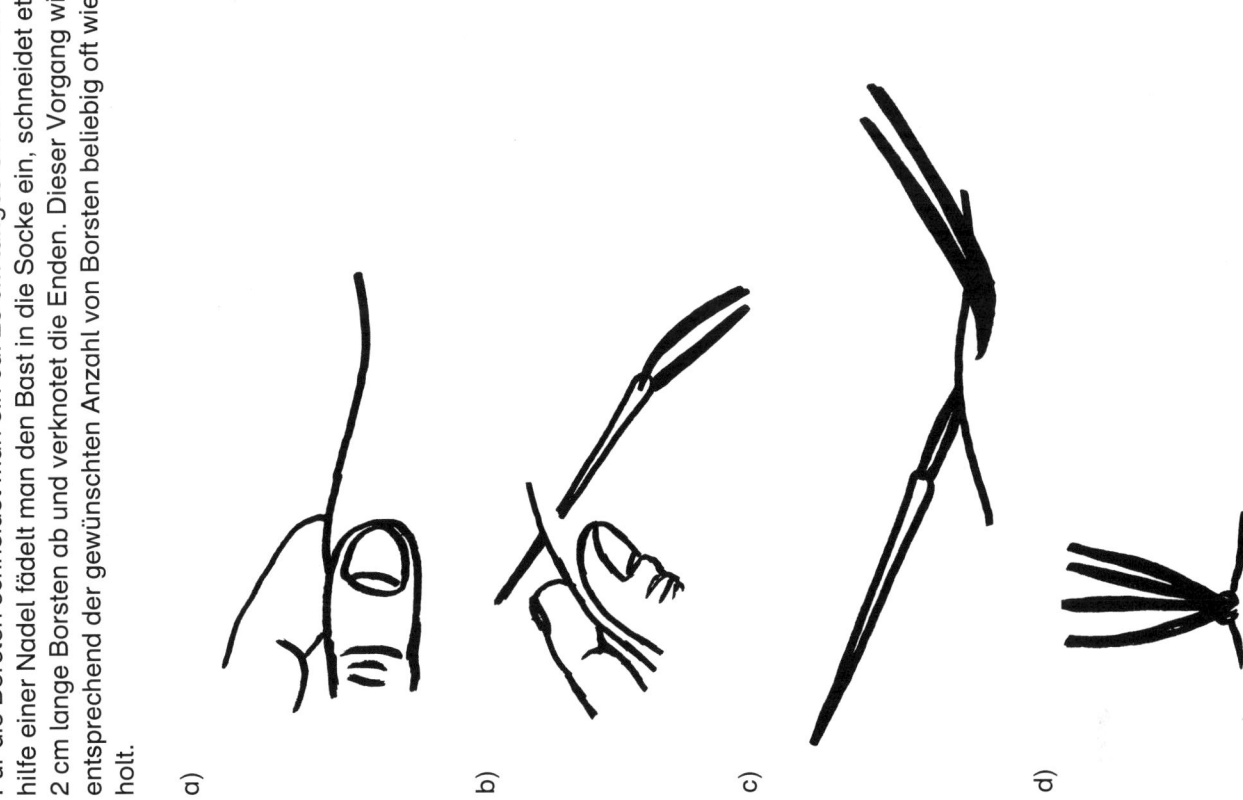

a)

b)

c)

d)

Bastelanleitung Raupe

Benötigte Materialien:

– 1 Socke (Farbe nach Wahl)
– rotes Tonpapier
– 2 Wackelaugen (schwarze Knöpfe oder auch nur Tonpapier)
– Bast (Farben nach Wahl)

1. Aus dem Tonpapier wird ein Oval für den Mund ausgeschnitten und an der gestrichelten Linie geknickt.

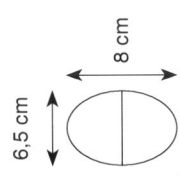

2. Das Oval wird an die Sockenunterseite angeklebt oder angenäht.

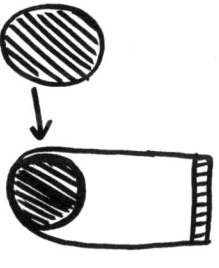

3. Auf der Sockenoberseite werden die Augen angeklebt.

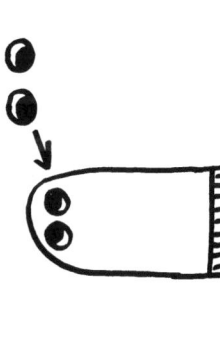

8. Jahr und Kalender

Stundenthema: Sportarten und Jahreszeiten – Sports et loisirs/Les saisons	Empfohlenes Lernjahr: Klasse 4
Neues Wortmaterial/Strukturen: *au printemps, en été, en automne, en hiver* *Je fais du ski. Je fais du vélo. Je fais de la natation. Je lis un livre.* **Benötigte Medien:** Bild- und Wortkarten zu den vier Jahreszeiten, Arbeitsblatt, Satzstreifen	**Notwendiges Vorwissen:** Sportarten

Phasen	Lehrer	Schüler	Medien	Bemerkungen
Einstieg	Begrüßungsritual			Siehe vorangestellte Erläuterungen.
Motivation/ Wiederholung	L. heftet kreisförmig Bildkarten zu den vier Jahreszeiten an die Tafel und wiederholt damit die Jahreszeiten. L. bespricht gemeinsam mit den SuS die Jahreszeiten in ihrer Abfolge. Dabei zeigt er die entsprechenden Bildkarten oder lässt sie von einem S. zeigen.	SuS heften Wortkarten unter die Jahreszeitenbilder und benennen sie. SuS sprechen mit und zeigen die entsprechenden Bildkarten.	Bild- und Wortkarten zu den vier Jahreszeiten	
Präsentation	L. geht auf die aktuelle Jahreszeit ein und führt die entsprechenden Freizeitaktivitäten mit Gestik und Mimik ein: *„Je fais du ski en hiver."* L. lässt SuS die entsprechende Bildkarte an die Tafel heften. L. führt die weiteren Aktivitäten nach dem gleichen Schema ein: *„Je fais du vélo au printemps." „Je fais de la natation en été." „Je lis un livre en automne."*	SuS imitieren Mimik und Gestik. SuS heften Bildkarten unter die entsprechende Jahreszeit.	Bildkarten	Bewegungen zu den verschiedenen Aktivitäten erleichtern die Semantisierung.
TPR-Phase	L. bittet zwei SuS nach vorn. L. spricht nochmals alle Aktivitäten vor; die SuS sollen diese imitieren.	SuS stehen Rücken an Rücken und imitieren die entsprechende Aktivität.		SuS zeigen nonverbal ihr Hörverstehen.

8. Jahr und Kalender

Phasen	Lehrer	Schüler	Medien	Bemerkungen
Leseverstehen	L. heftet Satzstreifen durcheinander an die Tafel: Je fais du ski Je fais de la natation au printemps. en automne. en hiver. en été. Je lis un livre Je fais du vélo	SuS bilden korrekte Sätze mit den Satzstreifen: „*Je fais du vélo au printemps.*" „*Je fais de la natation en été.*" „…"	Satzstreifen	
Reproduktion	L. liest die Sätze laut vor.	SuS sprechen nach (im Chor/einzeln/laut/leise/…).		
Anwendung	Anschließend bildet der L. Nonsens-Sätze; z. B. *Je fais du ski en été.*	SuS berichtigen den L. und bilden selbst Nonsens-Sätze. Der L. ermutigt sie, auf ihr Vorwissen zurückzugreifen. Die übrigen SuS reagieren mit Zustimmung: „*Oui!*" oder sie widersprechen: „*Non!*"		Es kann eine Gesprächskette gebildet werden: S. 1: „*Les feuilles tombent au printemps.*" S. 2: „*Mais non! Les feuilles tombent en automne!*"
Festigung (schriftlich)	L. verteilt Arbeitsblatt.	SuS ergänzen Arbeitsblatt, indem sie die richtigen Sätze von der Tafel abschreiben.	Arbeitsblatt	
Festigung (mündlich)	Memory®-Spiel: L. heftet Satzstreifen und Bildkarten durcheinander und umgedreht an die Tafel.	Zwei SuS kommen nach vorne und spielen Memory®, indem sie zusammengehörige Bild- und Wortkartenpaare suchen. SuS benennen, was sie aufdecken.	Satzstreifen, Bildkarten	

8. Jahr und Kalender

| printemps | été | automne | hiver |

| Je fais du ski | en hiver. | Je fais du vélo | au printemps. | Je fais de la natation | en été. | Je fais monter un cerf-volant | en automne. |

Qu'est-ce que tu fais?

Je _____ au _____ .

Je _____ en _____ .

Je _____ en _____ .

Je _____ en _____ .

8. Jahr und Kalender

le printemps

l'été

8. Jahr und Kalender

Stundenthema: Die Monate – *Les mois*	Empfohlenes Lernjahr: Klasse 4
Neues Wortmaterial/Strukturen: *janvier, février, mars, avril, mai, juin, juillet, août, septembre, octobre, novembre, décembre, le mois, les mois* **Benötigte Medien:** Jahreskreis, Bilder der Jahreszeiten, Bilder der Kleidungsstücke, Wortkarten der Monate, Wortkarten der Kleidungsstücke	**Notwendiges Vorwissen:** Kleidung, Jahreszeiten

Phasen	Lehrer	Schüler	Medien	Bemerkungen
Einstieg	Begrüßungsritual			Siehe vorangestellte Erläuterungen.
Einstieg/ Wiederholung	L. heftet Bildkarten und einen Jahreskreis an die Tafel. Er fordert die SuS auf, die Karten der entsprechenden Jahreszeit zuzuordnen.	SuS ordnen die Bilder den Jahreszeiten zu.	Jahreskreis, Bildkarten der Jahreszeiten	Das Schriftbild kann auch auf Wortkarten stehen und zugeordnet werden.
Wiederholung	L. heftet Bildkarten mit Kleidungsstücken und Schriftbild an und fragt die SuS, was sie zu welcher Jahreszeit anziehen: *„Qu'est-ce que vous mettez quand il fait chaud/ froid/il pleut/il y a du vent…?"* Die SuS ordnen die Kleidung den Jahreszeiten zu: An der Tafel werden vier Spalten angelegt mit den Überschriften: *au printemps, en été, en automne, en hiver* *En été, je mets…*	SuS ordnen Kleidungsstücke den Jahreszeiten zu und sagen, was sie anziehen. *„En été, je mets un t-shirt."* Vereinfachend kann auch zunächst nur die Kleidung genannt und der Satz vom Lehrer vervollständigt werden: *„Un t-shirt."*	Bildkarten mit Kleidung, Schriftbild der Kleidungsstücke	Die Fragen könnten auch einfacher lauten: *„Il fait chaud. Est-ce que tu mets un (gros) pull!"* SuS antworten mit: *„Oui"* oder *„Non"*.
Einführung	L. arbeitet wieder mit dem Jahreskreis. Er fragt, welche Jahreszeit und welcher Monat gerade sind und nennt diese auf Französisch. L. lässt einen S. die passende Wortkarte heraussuchen und an die Tafel heften: *„Janvier. Est-ce que tu vois la carte avec le mot janvier!"*	SuS sagen spontan die Monate auf deutsch, L. nennt den französischen Monatsnamen. SuS zeigen den Monat, in dem sie geboren sind.	Wortkarten der Monate	

8. Jahr und Kalender

Phasen	Lehrer	Schüler	Medien	Bemerkungen
	Gemeinsam ordnen L. und SuS alle zwölf Monate an der Tafel. L. lässt zu allen Monatsnamen im Chor sprechen, nachdem er sie mehrmals vorgesprochen hat.	Gemeinsam wird repetiert. SuS sprechen nach.		Rhythmisiertes Sprechen mit Klatschen oder Klopfen zwischen den einzelnen Monatsnamen bietet sich an.
Erarbeitung	L. vertauscht einige Monatsnamen an der Tafel, lässt sie dann in die richtige Reihenfolge bringen.	SuS ordnen die Monatsnamen und sprechen sie nach.	Wortkarten	L. kann die SuS ihr Geburtsdatum auf kleine Zettel schreiben lassen und diese einsammeln. L. zieht eine Karte und benennt das Datum: „Il/Elle a son anniversaire le 15 mai. Qui est-ce?" SuS raten den Namen des Geburtstagskindes.
Vertiefung	L. teilt das Arbeitsblatt aus und gibt Anweisungen zur Bearbeitung: „Découpez les noms des 12 mois de l'année et collez-les sur la feuille!"	SuS bearbeiten das Arbeitsblatt. Die Monatsnamen werden ausgeschnitten und in der richtigen Reihenfolge aufgeklebt.	Arbeitsblatt: Jahreskreis mit Monatsnamen	Tipp: Vergrößert kopiert kann ein Geburtstagskalender daraus gemacht werden.
Hausaufgabe	L. gibt die Hausaufgabe, den Jahreskreis mit passenden Bildchen auszuschmücken und die Monatsnamen in die entsprechende Spalte zu schreiben, in die sie auch schon geklebt wurden.	Das Ergebnis wird vorgestellt.	Arbeitsblatt	Ein Arbeitsblatt kann aufgehängt werden. Ein Stecker/Reißnagel markiert den aktuellen Monat.
Anmerkung				Es ist wichtig, Tag und Datum regelmäßig zu benennen. Ab Klasse 3 bietet es sich auch an, das Datum auf Französisch an die Tafel zu schreiben bzw. am „Tageskalender" die entsprechenden Wortstreifen anzubringen.

8. Jahr und Kalender

8. Jahr und Kalender

Les quatre saisons et les mois de l'année

en été — en automne — en hiver — au printemps

décembre	octobre	mai	juin	avril	janvier
septembre	août	février	juillet	novembre	mars

- janvier
- février
- mars
- avril
- mai
- juin
- juillet
- août
- septembre
- octobre
- novembre
- décembre
- printemps

- été
- automne
- hiver
- t-shirt
- pull(-over)
- manteau
- imperméable
- parapluie
- bottes en caoutchouc
- bottes
- pantalon
- sandalettes
- chemise
- short

- jupe
- robe
- combinaison
- gants
- chaussettes
- maillot de bain
- écharpe
- bonnet
- casquette
- anorak
- minijupe

8. Jahr und Kalender

Bildkarten:

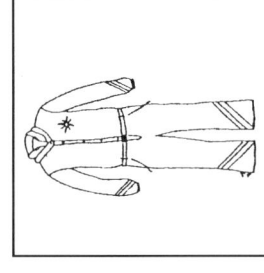  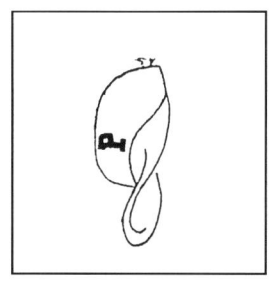

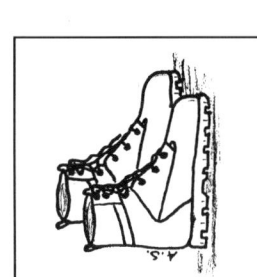 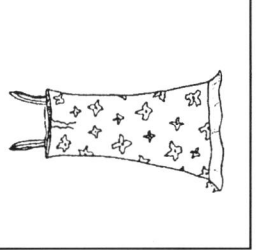 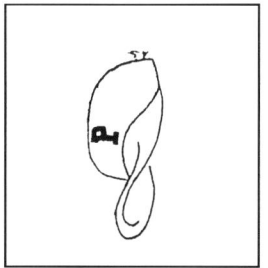 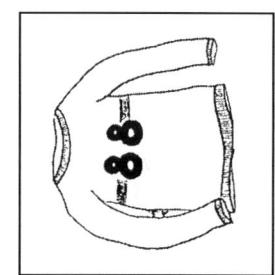

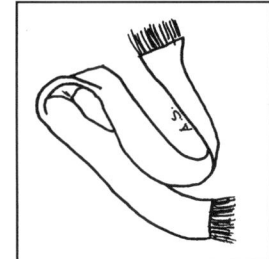 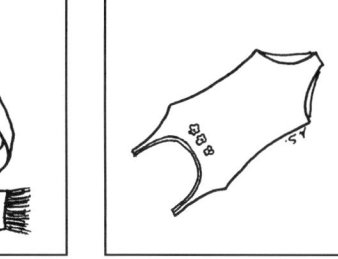 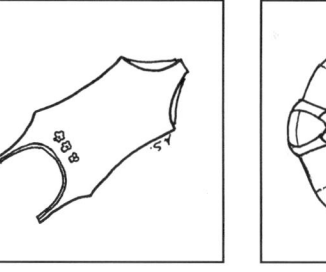

Bildkarten:

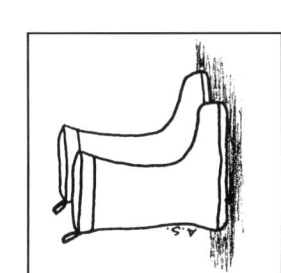 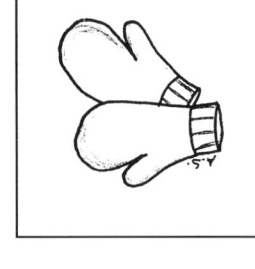 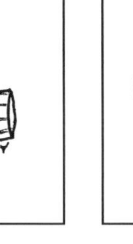 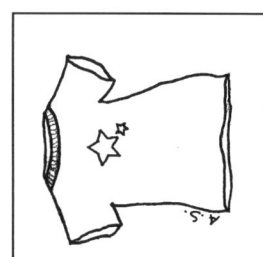

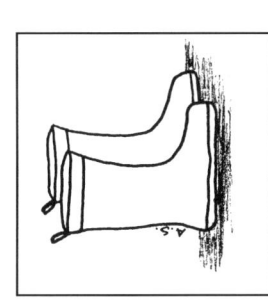 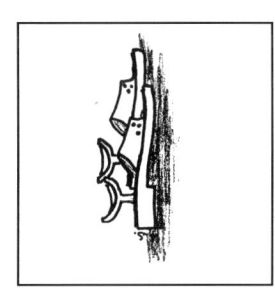 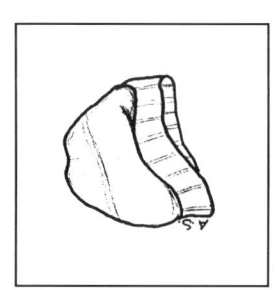 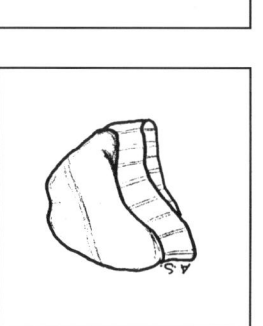 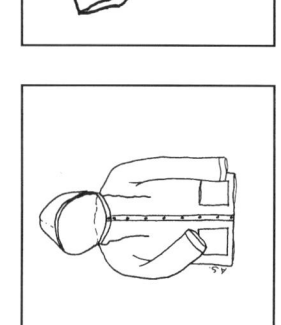 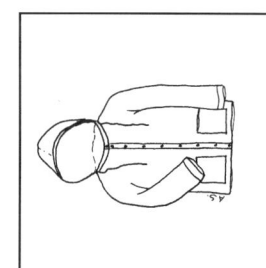

Stundenthema: Einführung in die Vergangenheit – *Passé composé* mit *avoir*

Empfohlenes Lernjahr: Klasse 4

Neues Wortmaterial/Strukturen:
passé composé

Benötigte Medien:
Jahreskreis, Bildkarten, Satzstreifen, Arbeitsblatt

Notwendiges Vorwissen:
Kleidungsstücke, Freizeitaktivitäten, Wettererscheinungen, Jahreszeiten

Phasen	Lehrer	Schüler	Medien	Bemerkungen
Einstieg	Begrüßungsritual			Siehe vorangestellte Erläuterungen.
Hinführung zum Thema	L. hängt den Jahreskreis an die Tafel, um mit den SuS gemeinsam die Jahreszeiten zu wiederholen. Dann geht er auf die aktuelle Jahreszeit ein. Was zieht man jetzt gerade an? Wie ist das Wetter? Welche Freizeitaktivitäten sind für diese Jahreszeit typisch?: z.B.: „C'est l'hiver. Il fait froid! Je mets un pull. Je fais du ski." (mit Gesten verdeutlichen) oder: „Maintenant, c'est l'été."	SuS nennen für die Jahreszeit ebenfalls typische Kleidung, Freizeitaktivitäten und Wettererscheinungen.	Jahreskreis an der Tafel (Kopiervorlage findet sich im Entwurf „Die Monate – *Les mois*")	Die SuS werden so für das Gegenwärtige (= Präsens) sensibilisiert, um dann möglichst im Kontrast an das Vergangene erinnert zu werden, z. B. an einen Klassenausflug im Sommer. Erst dann verstehen die SuS, dass sie sich mit dem Signalwort *été* bzw. *hiver* auf die Ebene der Vergangenheit begeben. Am besten lässt sich dieser Stundenentwurf im Winter oder im Sommer durchführen, hier ist er so konzipiert, dass Winter die aktuelle Jahreszeit ist. Wird die Stunde im Sommer durchgeführt, müssen die Bildkarten entsprechend umgekehrt distribuiert werden!

8. Jahr und Kalender

Phasen	Lehrer	Schüler	Medien	Bemerkungen
Begegnung mit *présent* und *passé composé*	L. stellt Becky vor, einen Vogel mit großem Schnabel (= bec): „C'est Becky. Elle a un grand bec. Regardez, c'est le grand bec de Becky!" L. führt zur Jahreszeit über: „C'est l'hiver. Becky a froid. Elle met son pull, elle met son/sa…" L. zeigt auf Beckys Kleidungsstücke, die SuS nennen diese. Dann malt L. eine Denkblase zu Becky. Dort hinein wird ein zweites Bild mit Becky in Sommerkleidern geheftet: „En été, ah oui, ce qu'il faisait beau et chaud! Becky a mis son maillot de bain." L. wiederholt und zeigt dabei auf Becky bzw. auf ihren Badeanzug.	SuS beteiligen sich bei der Repetition dieser Passage, sprechen mit und füllen Leerstellen, indem sie die Kleidungsstücke ergänzen, auf die L. zeigt.	Bildkarte mit Becky in Winterkleidern	
		SuS sprechen im Chor (zusammen mit L.).	Bildkarte mit Becky in Sommerkleidern	
Erarbeitung verbal	L. zeigt jeweils auf Becky im Sommer bzw. im Winter: „Becky boit du thé bien chaud, car maintenant, c'est l'hiver. En été, Becky a bu du coca frais." (Gestik!) L. macht weitere Beispiele: „Maintenant, en hiver, Becky mange des marrons. En été, Becky a mangé une glace." „…."	SuS hören zu und verbinden das Gesagte mit den Bildern und der Gestik.	Bildkarten von Becky	
Erarbeitung mit Schriftbild	L. bietet jeweils zwei zusammengehörige Satzstreifen an, z.B.: „Becky met son pull." und „Becky a mis son maillot de bain." Dabei spricht L. nochmals die Sätze und ordnet sie zu: „En hiver, Becky met son pull." „En été, Becky a mis son maillot de bain." „…."	SuS wiederholen die Sätze und ordnen die Satzstreifen den Bildern an der Tafel zu. (Becky im Sommer = *passé composé*, Becky im Winter = *présent*)	Bildkarten von Becky und Satzstreifen	

Phasen	Lehrer	Schüler	Medien	Bemerkungen
Mitleseverfahren	L. liest nochmals den Text für den Winter vor. Dann liest er den Text für den Sommer vor. Er variiert dabei den Text.	SuS sprechen den Text mit bzw. nach.	Satzstreifen an der Tafel	
Entspannungsphase	L. singt mit SuS ein bekanntes französisches Lied.			Möglich wäre auch, mit SuS Gymnastik zu machen, wichtig dabei sind die französischen Anweisungen.
Festigung in Stillarbeit	L. teilt Arbeitsblatt aus und erklärt es. Die Satzstreifen müssen ausgeschnitten und der entsprechenden Jahreszeit zugeordnet werden.	SuS bearbeiten das Arbeitsblatt.	Arbeitsblatt	
Besprechung Arbeitsblatt	L. bespricht und berichtigt gemeinsam mit den SuS das Arbeitsblatt mithilfe einer Folie. L. hebt auf der Folie *passé composé* und *présent* unterschiedlich farbig hervor, z. B. rot – grün.	SuS tragen ihre Ergebnisse vor und verbessern eventuell ihr Arbeitsblatt. SuS heben ihrerseits die Zeiten farbig hervor.	Arbeitsblatt, Folie	

8. Jahr und Kalender

- Becky a mis son maillot de bain.
- Becky met son pull.
- Becky a mangé une glace.
- Becky mange des marrons.
- Becky a fait de la natation.
- Becky fait du ski.
- Becky a bu un coca bien frais.
- Becky boit un thé très chaud.
- Becky a regardé le soleil qui a brillé très fort.
- Becky regarde la neige qui tombe.

en été

en hiver

8. Jahr und Kalender

Stundenthema: Der Winter – L'hiver

Empfohlenes Lernjahr: Klasse 4

Neues Wortmaterial/Strukturen:
la neige, le bonhomme de neige, les flocons de neige, la boule de neige, la bataille de boules de neige, un bonnet, une écharpe, une combinaison, des bottes, des gants

Benötigte Medien:
Winterbild, Wort- und Bildkarten, Winterkleidung, Tasche, Reim, Arbeitsblatt

Notwendiges Vorwissen:
Jahreszeiten

Phasen	Lehrer	Schüler	Medien	Bemerkungen
Einstieg	Begrüßungsritual			Siehe vorangestellte Erläuterungen.
Präsentation	L. heftet ein Winterbild an die Tafel. L. lenkt die Schülerbeiträge zum gewünschten Wortschatzbereich: „Voilà un paysage de neige. Tout est couvert de neige." (L. zeigt ganzes Bild) „C'est l'hiver. En hiver, il fait très froid!" (Gestik) „Il y a un bonhomme de neige." (L. zeigt darauf) „Il y a des flocons de neige." (L. macht Handbewegung für fallende Flocken) „La fille jette une boule de neige et le garçon aussi! Ils font une bataille de boules de neige!"	SuS betrachten das Bild, benennen die Dinge auf Französisch oder Deutsch.	Winterbild, Gestik	
TPR-Phase I	L. wiederholt alle neuen Begriffe auf diese Weise mehrmals, dann lässt er SuS auf dem Bild zeigen, was er vorgibt: „Montre-moi le bonhomme de neige!" „Montre-moi les flocons de neige!"	SuS zeigen die Dinge auf dem Bild.	Winterbild	SuS können hier auch zum Nachsprechen/Chorsprechen animiert werden.

Phasen	Lehrer	Schüler	Medien	Bemerkungen
Einführung Schriftbild	L. lässt SuS die einzelnen Elemente des Winterbildes aus den Wort-/Bildkarten aussuchen und anheften: „Montre-moi le mot 'la boule de neige', et mets-le au tableau!" „......"	SuS heften richtige Wort-/Bildkarten an. SuS dürfen nach jedem angehefteten Wort dessen Aussprache im Chor murmelnd, flüsternd, laut, (wie es sich zutrauen) erproben.	Wort-, Bildkarten	
Einführung	L. lässt SuS aus einer Tasche verschiedene Winterkleidungsstücke auspacken und erklärt: „Ah, voilà une combinaison/des gants/des bottes/un bonnet."	SuS ziehen Kleidung aus der Tasche und hören die französischen Begriffe.	Winterkleidung in Tasche	Statt der Kleidungsstücke können auch im TPR-Verfahren von den Schülern Tafelskizzen angefertigt werden.
Entspannungsphase	L. führt mit SuS eine Bewegungseinheit durch. L. lässt SuS durch imaginären Tiefschnee stapfen, gegen einen Wintersturm ankämpfen, auf Glatteis gehen.	SuS machen mit.		Alternativ: Jedes der Klasse bekannte Lied oder ein Bewegungsreim (z. B. *Le petit monstre*) können verwendet werden.
Wiederholung	L. wiederholt die französischen Begriffe, zeigt dabei die Kleidungsstücke und lässt SuS im Chor oder einzeln nachsprechen. Abwechslung entsteht, wenn die neuen Wörter nacheinander gesprochen werden, z. B. *combinaison – bottes – bonnet* (mit und ohne Artikel) in immer neuer Folge.	SuS zeigen Kleider und nennen die französischen Begriffe. Ein S. zeigt beim Repetieren das entsprechende Kleidungsstück und alle wiederholen die Wortreihen.	Winterkleidung	Schwächere SuS können leise mitsprechen.
Vertiefung I	L. teilt Arbeitsblatt aus.	SuS übertragen die Wörter von der Tafel. Sie können sie unter die Bildkarten schreiben oder aber die Bildkarten ausschneiden und umseitig beschriften; somit könnte eine Vokabelbox angelegt werden. Auf der unteren Hälfte dürfen	Arbeitsblatt	Hinweis: SuS sollten im Sinne der Differenzierung immer daran gewöhnt werden, dass sie Arbeitsblätter als Vorlagen betrachten, mit denen weitergearbeitet werden kann.

8. Jahr und Kalender 83

Phasen	Lehrer	Schüler	Medien	Bemerkungen
		Schnellschreiber die Wörter üben.		
Weiterführung/ Anknüpfung in Folgestunde	L. spricht SuS den Reim *une écharpe et deux chaussures* vor, lässt SuS dann mitsprechen und mit den entsprechenden Kleidungsstücken den Reim begleiten.	SuS sprechen den Reim nach, zeigen an den entsprechenden Stellen die richtigen Kleidungsstücke, die im Reim genannt werden.	Reim, Kleidung, die im Reim genannt wird	Die noch nicht bekannten Kleidungsstücke werden hier semantisiert und von den SuS mitgesprochen. Zunächst spricht nur der L., und die SuS heben die Kleider an der richtigen Stelle hoch. (Die Kleider werden an andere SuS weitergegeben.)

Reim zu Winterkleidung:
Une écharpe et deux chaussures

Mûre
a une écharpe et deux chaussures.
Bertrand
a trois pulls et quatre gants.
Marion
a cinq bonnets et six combinaisons.
Manon
a sept paires de collants et huit pantalons.

Bewegungsreim:
Le petit monstre

Le petit monstre sait compter.
Il pose ses doigts sur son gros nez.
Il tape sept fois avec son pied:
Un, deux, trois, quatre, cinq, six, sept.
Et c'est toi, la nouvelle bête!

© Frédéric Vermeersch, Marie-Catherine Tanguy
Bearbeitung: Michaela Sambanis

8. Jahr und Kalender

la neige

le bonhomme de neige

les flocons de neige

la boule de neige

la bataille de boules de neige

un bonnet

une écharpe

une combinaison

des bottes

des gants

8. Jahr und Kalender

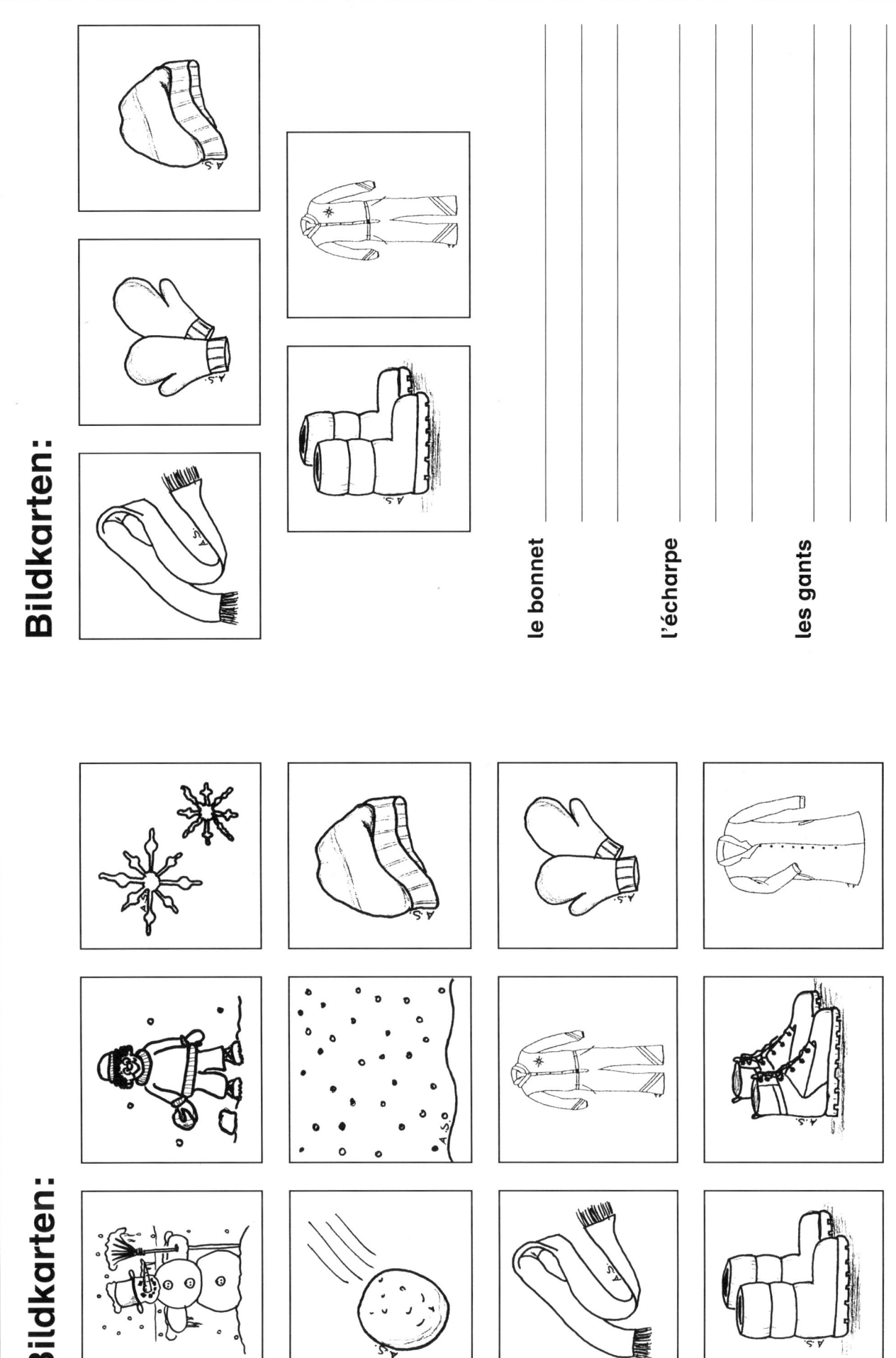

le bonnet

l'écharpe

les gants

Stundenthema: Einführung in die Verneinung – *J'achète… et je n'achète pas…*

Empfohlenes Lernjahr: Klasse 4

Neues Wortmaterial/Strukturen:
J'achète…/Je n'achète pas de…

Benötigte Medien:
Lebensmittel, Einkaufskorb, Hand- oder Fingerpuppe, Bildkarten von Lebensmitteln, Arbeitsblatt, Wortkarten, Wortstreifen, Rezept für einen Obstsalat

Notwendiges Vorwissen:
Lebensmittel mit Teilungsartikel: *du pain, du beurre, du fromage, de la soupe*

Phasen	Lehrer	Schüler	Medien	Bemerkungen
Einstieg	Begrüßungsritual			Siehe vorangestellte Erläuterungen.
Demonstration I	L. stellt als Vorbereitung verschiedene Lebensmittel gut sichtbar auf einen Tisch. Dann nimmt L. einen Korb und spielt den SuS einen Einkauf im Laden vor. L. erklärt, dass er heute Spaghetti mit Tomatensauce kochen möchte und kauft dafür die Zutaten ein. Er zeigt ebenfalls, was er nicht kauft, z. B. nimmt er eine Packung Reis, verneint und stellt sie zurück ins „Regal" (ersatzweise auf den Tisch): *„Non, je n'achète pas de riz!"* (Kopfschütteln) *„Oui, j'achète des spaghettis."* (L. zeigt Spaghettipackung, legt sie in den Korb.) L. spielt solange den Einkauf vor, bis er alle Zutaten für das Gericht hat. Zwischendurch zeigt und versprachlicht er immer wieder, was er nicht kauft.	SuS hören und schauen zu.	verschiedene Lebensmittel, u.a. die Zutaten für Spaghetti mit Tomatensauce	Es ist besser, mit Lebensmitteln zu arbeiten, im Idealfall sogar mit französischen Produkten. Zur Not können aber auch Bildkarten verwendet werden. **Achtung!:** *„J'achète **du/de la/des**…"* **Aber:** *„Je n'achète pas **de**…"*
Demonstration II	L. heftet die Tabelle mit den Einkaufswagen an die Tafel. L. heftet verschiedene Bilder von Lebensmitteln an die Tafel. Eine Hand- oder Fingerpuppe kommt in den „Laden" und kauft ein.	SuS antizipieren Gespräch zwischen L. und Handpuppe.	Hand- oder Fingerpuppe, Bildkarten von Lebensmitteln, Tabelle	

9. Einkaufen 87

Phasen	Lehrer	Schüler	Medien	Bemerkungen
	L. führt Gespräch mit der Handpuppe: L.: „Qu'est-ce que tu achètes?" Puppe: „J'achète une banane, une pomme…" L. heftet alles, was sie einkauft, unter das Symbol „Einkaufswagen": L.: „Qu'est-ce que tu n'achètes pas?" Puppe: „Je n'achète pas de lait, pas de confiture…" L. heftet die entsprechenden Bildkarten unter den durchgestrichenen Einkaufswagen.			
TPR-Phase	L. bittet S. nach vorne. Die Handpuppe gibt Anweisungen, was sie kauft und was nicht: „J'achète…/Je n'achète pas…" S. ordnet den Anweisungen entsprechend die Bildkarten unter den Symbolen an, wie es zuvor L. vorgeführt hat. L. lässt mehrere Durchgänge mit verschiedenen SuS durchspielen.	S. heftet die genannten Lebensmittel unter das entsprechende Symbol.	Hand- oder Fingerpuppe, Bildkarten von Lebensmitteln, Tabelle	
Bewusstmachung und Reproduktion	L. heftet Wortstreifen unter die Symbole: J'achète/Je n'achète pas. L. hebt den Negationspartikel farbig hervor. L. wiederholt Satz für Satz anhand der Beispiele: „J'achète…/Je n'achète pas…"	SuS nehmen die Negationspartikel optisch wahr. SuS sprechen nach (im Chor/einzeln).	Wortstreifen	
Produktion	**Rollenspiel:** Einkaufssituation im Supermarkt L. stellt einen Korb und Lebensmittel zur Verfügung. In mehreren Durchgängen wird das Rollenspiel von den SuS durchgeführt. L. unterstützt, bei schwächeren SuS kann er die Sätze sprechen und die Klasse die einzelnen Sätze wiederholen lassen.	Ein S. kommt nach vorne, legt Lebensmittel in seinen Einkaufskorb und spricht dazu: „J'achète…" Anschließend sagt S., was er nicht kauft: „Je n'achète pas…" Diese Lebensmittel stellt er ins „Regal" zurück.		Wieder können hier notfalls Bildkarten anstelle von Lebensmitteln verwendet werden.

9. Einkaufen

Phasen	Lehrer	Schüler	Medien	Bemerkungen
Sicherung I	L. verteilt Arbeitsblätter und baut ein Wortkärtchen-Buffet auf. L. verwendet weiße Karten für *J'achète…* und grau unterlegte Karten für *Je n'achète pas…*	SuS kommen nach vorne, bedienen sich am Wortkärtchen-Buffet und füllen das Arbeitsblatt aus.	Arbeitsblatt, Wortkärtchen-Buffet	Das Wortkärtchen-Buffet bietet Differenzierungsmöglichkeiten, somit können SuS auf unterschiedliche Weise ihr Arbeitsblatt gestalten: Sie können die Wortstreifen aufkleben und nachspuren, abschreiben, memorieren, auswendig schreiben und kontrollieren.
Sicherung II	L. gibt die Anweisung, einen Sitzkreis zu bilden und bespricht mit SuS das Arbeitsblatt: „*Mettez-vous en cercle!*" „*Qui veut nous montrer sa feuille?*"	SuS bilden einen Sitzkreis und stellen mündlich ihre Arbeitsergebnisse vor: „*J'achète…/Je n'achète pas…*"		
Zusatzaufgabe/ Hausaufgabe	L. teilt ein Rezept für einen Obstsalat aus. Die SuS sollen auf den verbleibenden Teil des Arbeitsblattes aufschreiben, was sie für das Rezept einkaufen müssen. In die Spalte „*Je n'achète pas…*" können sie frei schreiben, was nicht zu einem Obstsalat gehört. Der erste Teil des Arbeitsblattes dient dabei als Hilfe und Anregung.	SuS füllen die zwei verbleibenden Listen auf ihrem Arbeitsblatt aus.		Ist diese Aufgabe Hausaufgabe, kann in der nächsten Stunde jeder S. sagen, was er nicht kauft. So wiederholen die SuS gleich die neue Struktur der Verneinung im vertrauten Kontext.

9. Einkaufen

Recette: Salade de fruits

Pour préparer une salade de fruits, il te faut:

- deux pommes
- deux poires
- deux oranges
- une banane
- le jus d'un citron
- des raisins ou des raisins secs
- des noix ou des noisettes

Épluche la banane et les oranges!
Lave les autres fruits!
Coupe tous les fruits en morceaux
et mets-les dans un saladier!
Ajoute les raisins et les noix!
Ajoute le jus du citron
et mélange bien!

Bon appétit!

Wortkarten:

du pain	de pain
du fromage	de fromage
du beurre	de beurre
de la soupe	de soupe
des spaghettis	de spaghettis
une banane	de bananes
des oranges	d'oranges
des poires	de poires
des pommes	de pommes
un citron	de citrons
des raisins	de raisins
des noix	de noix
des tomates	de tomates

90 9. Einkaufen

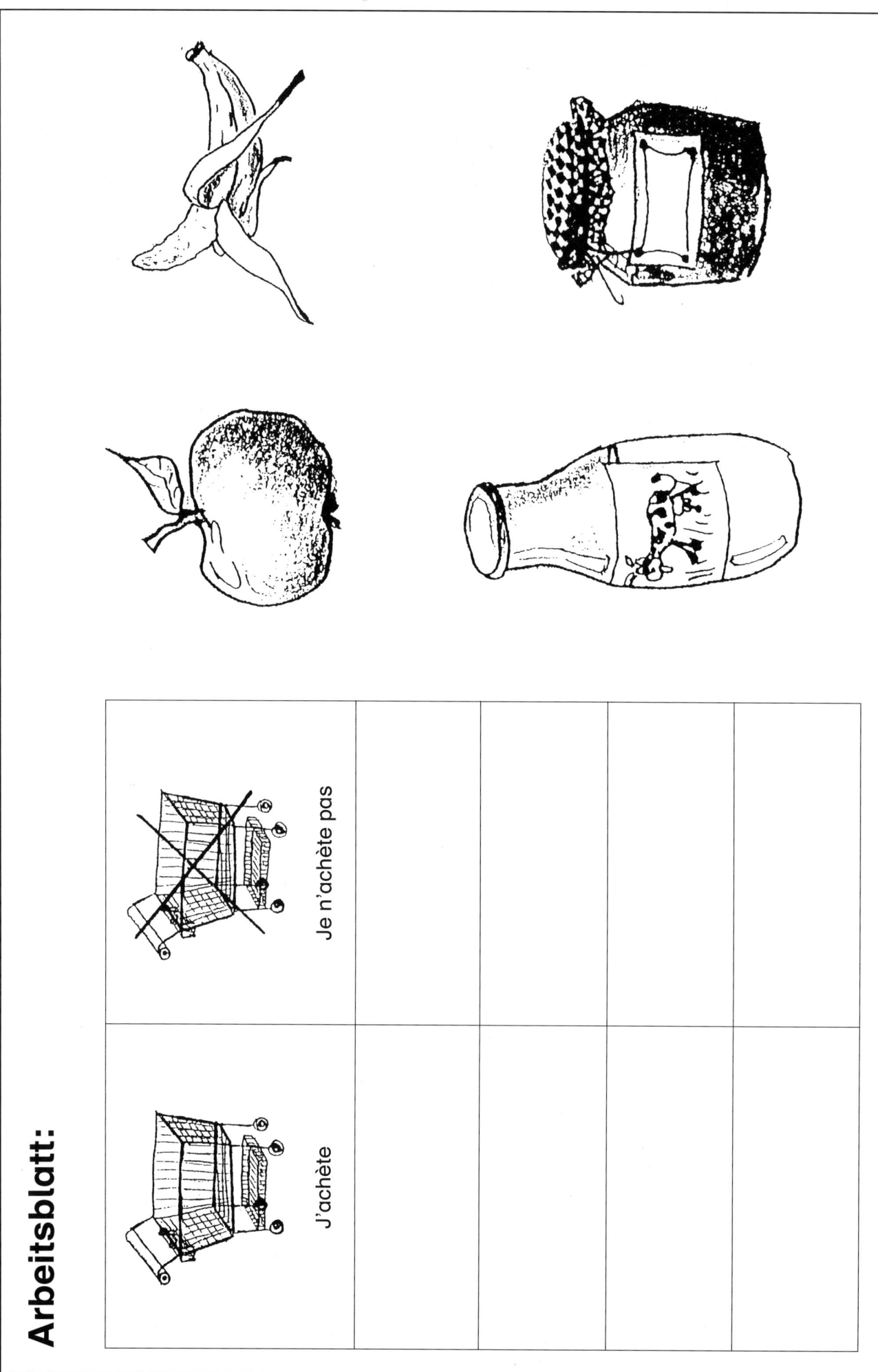

10. Unterwegs

Stundenthema: Nach dem Weg fragen – *Demander le chemin*	Empfohlenes Lernjahr: Klasse 4
Neues Wortmaterial/Strukturen: *Pardon, je cherche…* *Va tout droit.* *à gauche/à droite* **Benötigte Medien:** Handpuppe, Zeichnungen von Kino, Post, Supermarkt, Schule, Satzstreifen	**Notwendiges Vorwissen:** *le cinéma, le supermarché, la poste, l'école, à droite/à gauche*

Phasen	Lehrer	Schüler	Medien	Bemerkungen
Einstieg	Begrüßungsritual			Siehe vorangestellte Erläuterungen.
Demonstration (Rollenspiel)	L. führt Dialog mit der Handpuppe und heftet dabei die vier Stationen nacheinander im Laufe des Gespräches an vier Wände im Klassenzimmer. L.: *„Pardon, je cherche le cinéma."* Puppe: *„Va tout droit!"* L.: *„Merci. Ah, voilà le cinéma."* L.: *„Pardon, je cherche le supermarché."* Puppe: *„Tourne à droite!"* L.: *„À droite?"* Puppe: *„Oui, à droite."* L.: *„Donc, je tourne à droite et voilà le supermarché."* L.: *„Pardon, je cherche la poste."* Puppe: *„Tourne à gauche!"* L.: *„Pardon, je cherche l'école."* Puppe: *„Traverse le carrefour!"*	SuS antizipieren den vom L. und der Handpuppe vorgeführten Dialog.	Handpuppe Bilder: Post Supermarkt Schule Kino → 4 Stationen	

Phasen	Lehrer	Schüler	Medien	Bemerkungen
TPR-Phase	L. wählt einen S. aus und gibt ihm Anweisungen, wohin er gehen soll: „*Va à gauche! Stop! Va tout droit! Tu es arrivé où?*" „…" Mehrere Durchgänge werden gemacht.	S. folgt den französischen Anweisungen des L. S.: „*À la poste.*" Die restlichen SuS passen auf, dass S. richtig läuft.		
Reproduktion	L. zeichnet das Klassenzimmer als Rechteck an die Tafel und markiert die vier Stationen. L. wiederholt den Dialog und fährt dabei mit dem Finger den Weg an der Tafel nach. L.: „*Pardon, je cherche la poste.*" SuS wiederholen. Puppe: „*Va tout droit!*" SuS wiederholen. …	SuS sprechen nach: im Chor/einzeln/laut/leise.		
Leseverstehen	L. heftet **durcheinander** Satzbausteine an die Tafel: „*Qui peut mettre les mots en ordre?*" | cherche | le | je | cinéma. | Pardon | L. heftet weitere Satzbausteine an die Tafel, um die restlichen Sätze rekonstruieren zu lassen: | tout | Va | droit. | | droite. | Tourne | à | | gauche. | Tourne | à |	SuS müssen die Satzbausteine in die richtige Reihenfolge bringen. SuS lesen die Sätze im Chor/ einzeln vor.	Satzstreifen in einzelne Wörter zerschnitten.	SuS sollen ein Gefühl für den französischen Satzbau bekommen. Hinweis: Ähnlichkeit von *droit* und *à droite* bedenken! Am besten *à droite* und *à gauche* durch häufiges Hintereinandernennen zusammenknüpfen, für *(tout) droit* stets einen Fingerzeig geben, damit das Wort, mit der Geste verbunden und als dazugehörige Lautgestalt gespeichert wird.

10. Unterwegs

Phasen	Lehrer	Schüler	Medien	Bemerkungen
Anwendung durch Analogiebildung	L. führt jeweils mit einem S. den Dialog durch. S. fragt und der L. gibt Richtungsanweisungen: S: „*Pardon, je cherche…*" L: „*Va tout droit!*" „…"	SuS fragen den L. nach dem Weg und bewegen sich durch die Klasse.		Differenzierung: Einige Schüler können vielleicht schon antworten.

10. Unterwegs

Wortkarten:

| Tourne | à | gauche | Traverse | le | carrefour |

| le | supermarché | Pardon | je | cherche | l' | école | Va | tout | droit | Tourne | à | droite |

| Pardon | je | cherche | le | cinéma | Pardon | je | cherche | la | poste | Pardon | je | cherche |

10. Unterwegs

10. Unterwegs

Stundenthema: Unterwegs – En route		Empfohlenes Lernjahr: Klasse 4	
Neues Wortmaterial/Strukturen: *la voiture, le bus, le vélo, les patins à roulettes, venir en, venir à pied, la poussette, le tricycle, la trottinette* **Benötigte Medien:** Bildkarten, Wortkarten, Lied, französische Musik, Arbeitsblatt		**Notwendiges Vorwissen:** kein Vorwissen nötig	

Phasen	Lehrer	Schüler	Medien	Bemerkungen
Vorentlastung	L. heftet Bilder der vier Fortbewegungsmittel an. Er benennt diese dabei, dann wiederholt er sie gemeinsam mit den SuS.	SuS verbinden die Bilder mit den neuen Wörtern und benennen sie gemeinsam. (Chorsprechen)	Bildkarten	
TPR-Phase	L. lässt zwei SuS in Form eines Wettspiels an der Tafel die von ihm genannten Verkehrsmittel zeigen: Der schnellere S. bekommt einen Punkt. Nach einigen Durchgängen beendet L. das Wettspiel, um zu einer ruhigeren Konzentrationsphase überzuleiten. L. fordert die zuletzt angetretenen SuS dazu auf, gemeinsam den Bildkarten die entsprechenden Wortkarten zuzuordnen.	SuS zeigen so schnell wie möglich das gesuchte Bild. SuS ordnen den Bildkarten die entsprechenden Wortkarten zu.	Bild-/Wortkarten	
Präsentation	L. spielt einen Dialog mit der Handpuppe vor, er zeigt dabei jeweils das entsprechende Bild. L.: *„Aujourd'hui, je suis venu à l'école en voiture. Et toi, tu es venue comment? En voiture?"* Puppe: *„Non, je ne suis pas venue en voiture."* L.: *„Tu es venu en bus?"* „..." Auf diese Weise werden alle Fahrzeuge durchgespielt, der Dialog endet folgendermaßen: Puppe: *„Non, je suis venue à pied."* (Gestik)	SuS hören zu und vebinden die neuen Wörter mit den Bildern.	Bild-/Wortkarten	Anstatt der Handpuppe kann L. auch die Woche durchspielen und sagen, er sei jeden Tag mit einem anderen Verkehrsmittel zur Schule gekommen: *„Lundi, je suis venu(e) en vélo, mardi..."* Anmerkung: Man sagt meistens *à vélo*, *en vélo* ist jedoch ebenso richtig.

10. Unterwegs

Phasen	Lehrer	Schüler	Medien	Bemerkungen
Entspannungsphase	L. singt das Lied *Un kilomètre à pied* mit den SuS. Er geht dabei durch das Zimmer und zeigt an der entsprechenden Textstelle auf seine Schuhsohlen. Nach und nach holt L. sich SuS durch Zublinzeln hinzu, die dann ebenfalls durch das Zimmer gehen und an der entsprechenden Stelle auf ihre Schuhsohlen zeigen.	SuS singen und machen die Bewegungen mit.	Lied	
Wiederholung Wortmaterial	L. klappt die Tafel zu und lässt die SuS aus dem Gedächtnis Fahrzeuge nennen. L. teilt das Arbeitsblatt aus und bespricht, welche Fahrzeuge auf der Autobahn fahren: L.: „Est-ce que la voiture roule sur l'autoroute?" SuS: „Oui!" „On la découpe et on la colle sur l'autoroute!" Fahrzeuge, die auf der Autobahn fahren, werden ausgeschnitten und aufgeklebt, die übrigen verbleiben am Rand und werden durchgestrichen.	SuS nennen die Fahrzeuge. SuS antworten mit *oui/non* und kleben die richtigen Fahrzeuge auf die Autobahn. Schnelle SuS können die Wörter von der Tafel abschreiben.	Arbeitsblatt, Schere, Klebstoff	Die übrigen Verkehrsmittel bieten sich für den Einstieg in eine Wiederholungsstunde an.
Spiel/Festigung	L. erklärt das Spiel *Cherche ton partenaire*. Die Bild- und Wortkarten werden weitergereicht, solange die Musik spielt. Unterbricht L. die Musik, müssen die SuS ihren Partner finden. (Wort – Bild). Nach jedem Durchgang werden die Karten an Freunde weitergegeben und das Spiel beginnt von Neuem.	SuS reichen die Karten weiter, benennen und finden den entsprechenden Schriftzug: „Je cherche le/la/les…" „Qui a le/la/les …?"	CD mit französischer Musik, Bild- und Wortkarten als Klassensatz	
Hausaufgabe	L. gibt Anweisungen zur Hausaufgabe: „Comme devoir, coloriez les véhicules!"	SuS malen zu Hause die Fahrzeuge farbig an.		Das angemalte Arbeitsblatt kann in der Folgestunde als Einstieg dienen.

10. Unterwegs

la voiture

le bus

les patins à roulettes

le vélo

Sur l'autoroute il y a …

La voiture

Les patins à roulettes

Le bus

Le vélo

La voiture

Stundenthema: Essen in Frankreich – À table!

Empfohlenes Lernjahr: Klasse 4

Neues Wortmaterial/Strukturen:
l'apéritif, l'entrée, le plat principal, le fromage, le dessert, le café, le cornichon, l'artichaut, les haricots

Benötigte Medien:
Korb mit Lebensmitteln, Wortkarten, Bildkarten, Arbeitsblatt, Spiel

Notwendiges Vorwissen:
la limonade, le vin, l'eau, le café, le sirop, le coca, la soupe, la salade, la carotte, la tomate, le brocoli, la pomme de terre, le pain, la baguette, les spaghettis, les frites, le riz, le repas, le soufflé, la noix, la viande, le rôti, le poisson, le fromage, le lait, le beurre, la pomme, la banane, le citron, le melon, l'ananas, l'orange, la poire, la prune, le chocolat, la mousse au chocolat, le gâteau, la glace, la cuillère, le couteau, la fourchette

Phasen	Lehrer	Schüler	Medien	Bemerkungen
Einstieg	Begrüßungsritual			Siehe vorangestellte Erläuterungen.
Motivation	L. bringt einen Korb mit Einkäufen mit und fordert die SuS auf, einen Sitzkreis zu bilden: *„Bonjour les enfants, mettez-vous en cercle, s'il vous plaît!"*	SuS bilden einen Sitzkreis.	Korb mit Lebensmitteln	
Präsentation TPR-Phase	L. lässt die SuS etwas aus dem Korb herausnehmen und benennt es: *„Regardez, j'ai acheté des haricots. Voilà les haricots."* So werden alle neuen Nahrungsmittel eingeführt und einige bekannte wiederholt. L. gibt Anweisungen und wiederholt dabei die Begriffe: *„Prends le fromage et donne le à Tobias!"* „....." L. lässt SuS alles einpacken: *„Mets ... dans le sac!"*	SuS folgen den Anweisungen. SuS sprechen nach (einzeln/im Chor).	Korb mit Lebensmitteln	
Wiederholung Wortmaterial	L. legt die zuvor präsentierten Lebensmittel als Bildkarten aus und lässt sie von den SuS nach Angabe zeigen und anheften: *„Montre-moi le cornichon!"*	SuS heften die richtigen Bilder an.	Bildkarten	

11. Miteinander essen

Phasen	Lehrer	Schüler	Medien	Bemerkungen
	„Lequel est le dessert?" „Mets l'image correspondante au tableau!" Auf die gleiche Weise werden die Schriftkarten zugeordnet und unter das entsprechende Bild geheftet. L. lässt zu allen Schriftkarten im Chor sprechen.	SuS ordnen das Schriftbild zu. SuS sprechen nach.	Wortkarten	
Spiel	L. teilt Bildkarten (jede doppelt) aus und spielt *Living Memory®* mit den SuS.	SuS spielen *Living Memory®*.	Bildkarten	Die Spielanleitung findet sich in der Spielesammlung.
Kultur entdecken	L. erzählt, dass man in Frankreich meistens ein Essen mit vielen Gängen serviert und erläutert die einzelnen Gänge in ihrer Reihenfolge. Dabei heftet er die Gänge in dieser Reihenfolge an die Tafel: „D'abord, nous prenons l'apéritif." „Après, l'apéritif, nous mangeons l'entrée." „…" Anschließend werden die Bildkarten den richtigen Gängen zugeordnet: „Comme dessert, on mange de la mousse au chocolat, par exemple." „…" L. regt zum Zuordnen und Sprechen an, indem er Richtig-/Falsch-Aussagen macht: „On mange du fromage en apéritif?" „…"	SuS ordnen die Bildkarten den richtigen Gängen zu. SuS antworten mit *oui* oder *non*.		Eine typische französische Mahlzeit besteht oft aus sechs Gängen: *l'apéritif, l'entrée, le plat principal, le dessert, le fromage, le café.* Typisch ist vor allem auch die Käseplatte nach dem Hauptgericht.
Entspannungsphase	L. gibt Anweisungen, nach denen sich die SuS durchs Zimmer bewegen dürfen: „Marchez comme des fantômes/chats/lapins…!"	SuS befolgen die Anweisungen.		
Vertiefung	L. teilt ein Arbeitsblatt mit allen Gängen und ein weiteres mit Nahrungsmitteln aus, die in die richtigen Spalten eingeteilt werden sollen.	SuS bearbeiten das Arbeitsblatt.	Arbeitsblatt	Differenzierung: Schwächere SuS dürfen an der Tafel „abschauen", schnelle Denker dürfen die Schriftbilder direkt ins Heft übertragen.

Phasen	Lehrer	Schüler	Medien	Bemerkungen
Weiterführung				Weiterführung: gemeinsames Betrachten/Lesen des Kinderbuches *Le dîner fantôme* (Duquennoy, Jacques. Albin Michel Jeunesse Verlag, 1994)

11. Miteinander essen

Bildkarten:

Wortkarten:

la limonade	la pomme	l'artichaut
le café	la banane	les petits pois
la soupe	le citron	les noix
la salade	la pasteque	la viande
la carotte	l'orange	le poulet
la tomate	la prune	la poire
le brocoli	le chocolat	les chips
la pomme de terre	la mousse au chocolat	l'apéritif
la baguette	le gâteau	le plat principal
les frites	la glace	l'entrée
le poisson	la cuillère	le fromage
le fromage	le couteau	le dessert
le lait	la fourchette	le café
le beurre	le cornichon	

11. Miteinander essen

Bildkarten:

Bildkarten:

11. Miteinander essen 105

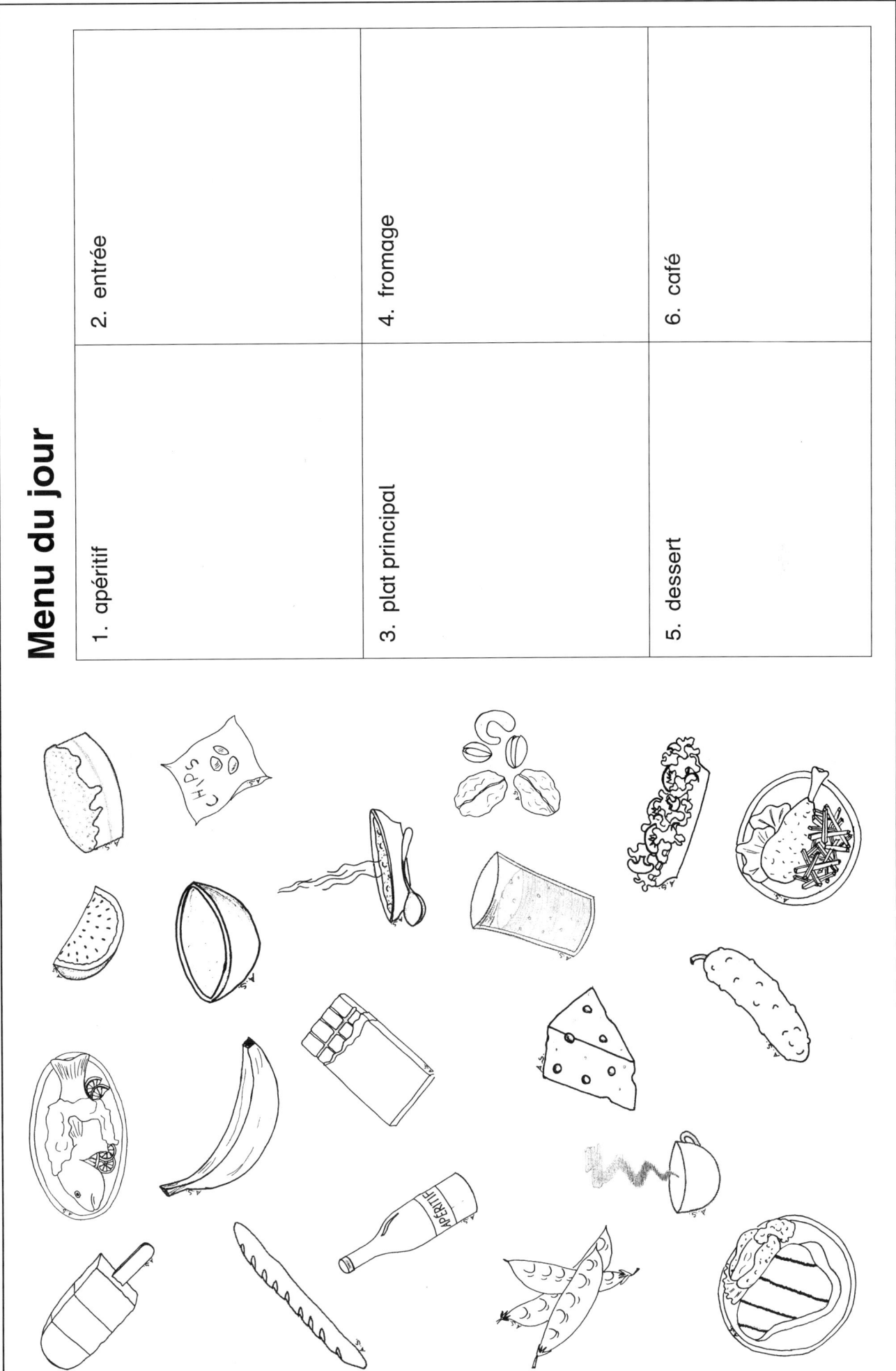

Liedersammlung

Verzeichnis der aufgeführten Lieder

- Ah! Vous dirais-je, Maman
- Alouette
- L'alphabet français
- Au clair de la lune
- Au marché
- Aux oiseaux
- La ballade des chiffres
- Bonjour, bonjour
- Bonjour, ce petit mot d'amour
- Comment tu t'appelles?
- Un éléphant se balançait
- Entre le bœuf et l'âne gris
- Fais dodo, Colas
- Le fermier a un pré
- Frère Jacques
- J'ai la fève
- J'aime la galette
- Jean Philipot danse
- Joyeux anniversaire
- Un kilomètre à pied
- Les marionnettes
- Meunier, tu dors
- Mon beau sapin
- Petit escargot
- Petit Papa Noël
- Savez-vous planter les choux?
- Si tu as de la joie au cœur
- Sur le pont d'Avignon
- Tête, épaule et jambe et pied
- Les vacances

Ah! Vous dirais-je, Maman

Traditionell

Anderer Text auf dieselbe Melodie:

Quand trois poules vont au champ,
la première va devant.
La deuxièm' suit la première,
la troisièm' vient la dernière.
Quand trois poules vont au champ,
la première va devant.

Alouette

Traditionell

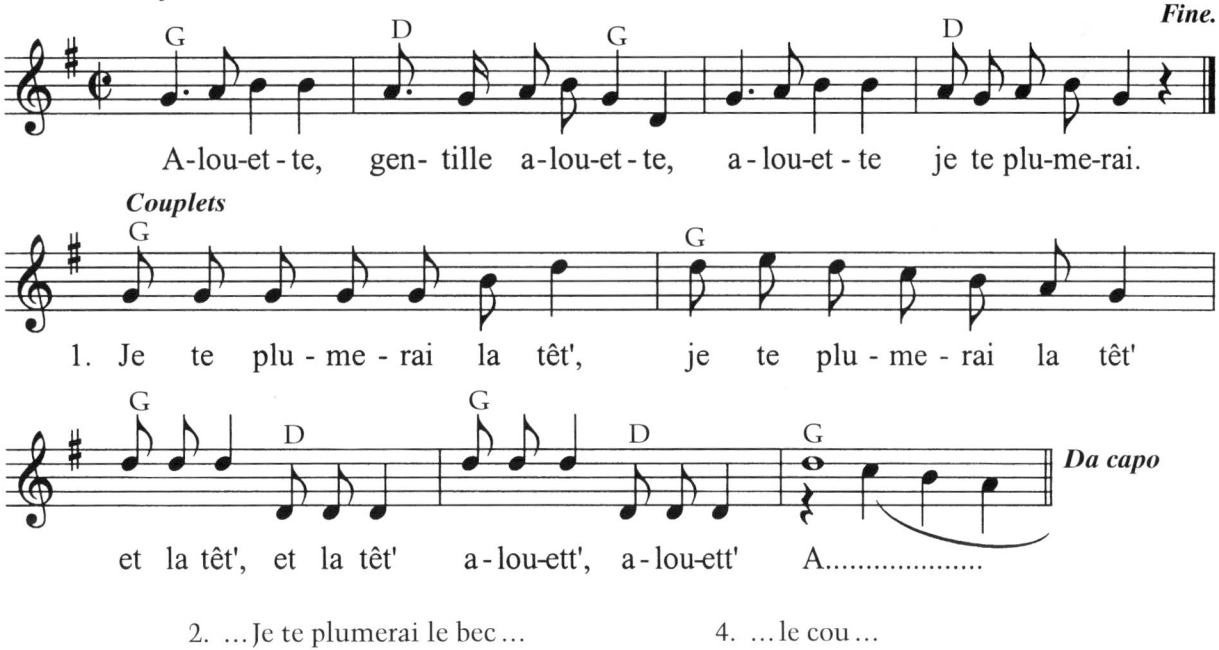

2. ...Je te plumerai le bec...
   et la tête, et la tête,
   et le bec... A...

3. ...les yeux...
   et la tête, et le bec, et les yeux... A...

4. ...le cou...

5. ...le dos...

6. ...les ailes...

7. ...les pattes...

8. ...le nez...

L'alphabet français

Traditionell
Text: Michaela Sambanis

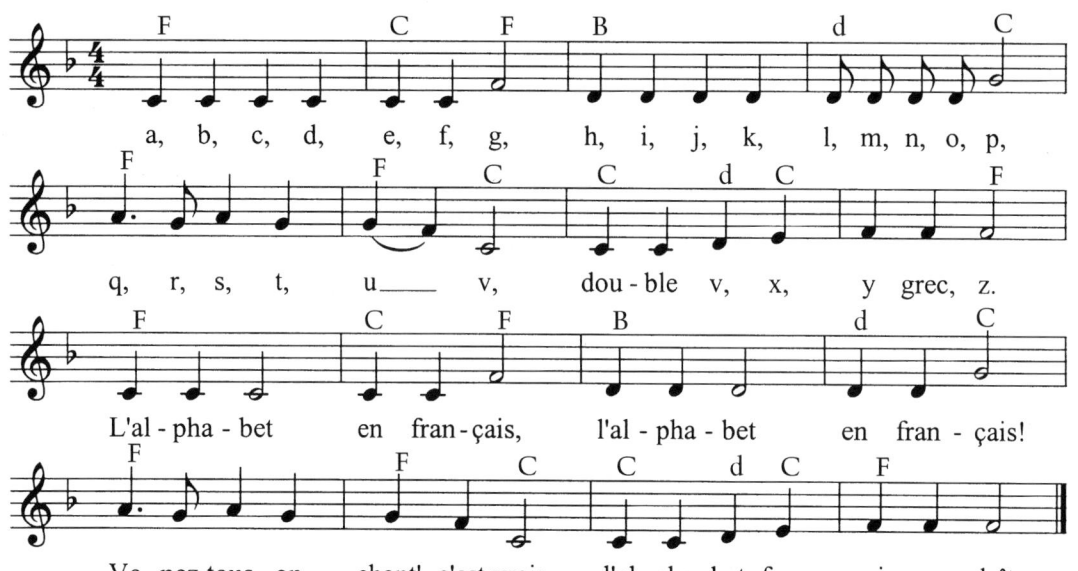

a, b, c, d, e, f, g, h, i, j, k, l, m, n, o, p,
q, r, s, t, u___ v, dou-ble v, x, y grec, z.
L'al-pha-bet en fran-çais, l'al-pha-bet en fran-çais!
Ve-nez tous, on chant', c'est vrai: l'al-pha-bet fran-çais nous plaît.

Au clair de la lune

Traditionell

Au clair de la lu-ne, mon a-mi Pier-rot,
prê-te-moi ta plu-me, pour é-crire un mot.
Ma chan-delle est morte, je n'ai plus de feu:
ou-vre-moi ta por-te, pour l'a-mour de Dieu.

2. Au clair de la lune
   Pierrot répondit:
   „Je n'ai pas de plume,
   je suis dans mon lit.
   Va chez la voisine.
   Je crois qu'elle y est;
   car dans sa cuisine
   on bat le briquet"

3. Au clair de la lune
   on n'y voit qu'un peu:
   on cherche la plume,
   on cherche le feu.
   En cherchant d'la sorte
   Je n'sais c'qu'on trouva,
   Mais je sais qu'la porte
   sur eux se ferma.

Nonsense-Strophe auf dieselbe Melodie mit angehängtem Schluss:

4. Au clair de la lune
   trois petits lapins
   qui mangeaient des prunes
   comme trois coquins;
   la pipe à la bouche,
   le verre à la main,
   ils disaient: „Mesdames,
   versez-nous du vin
   jusqu'à demain matin!"

Schluss der Nonsense-Strophe:

vin jus-qu'à de-main ma-tin.

Liedersammlung

Au marché

Text u. Musik: d'Henri Dés
Bearbeitung: Hugo Blank

1. Au mar-ché, au mar-ché, tu peux, tu peux tout trou-ver, des pa-tat's et du pois-son, des sa-vat's et du sa-von. Au mar-

2. Un pot d'colle
   pour l'école,
   quelques clous
   pour quelques sous,
   du shampooing
   pour le bain,
   la pomade
   pour les malades.

Aux oiseaux

Traditionell

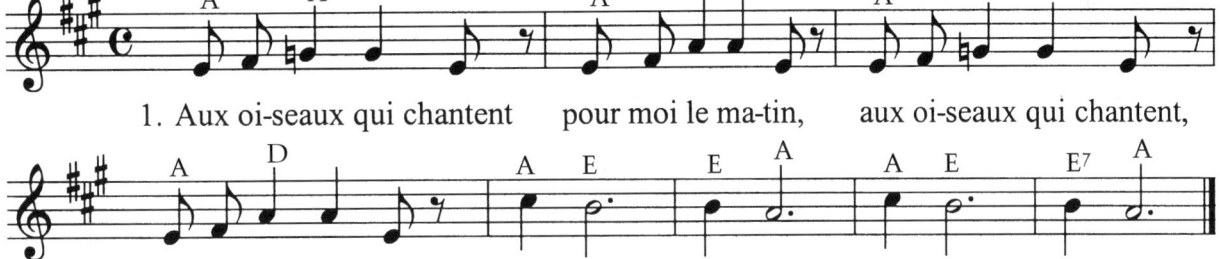

1. Aux oi-seaux qui chantent pour moi le ma-tin, aux oi-seaux qui chantent, moi je dis tou-jours bon-jour, bon-jour, bon-jour, bon-jour.

2. Au soleil qui brille
   quand je me réveille,
   au soleil qui brille
   moi, je dis toujours
   bonjour, bonjour.

3. Au méchant docteur
   qui fait la piqûre,
   au méchant docteur
   je ne veux pas dire
   bonjour, bonjour.

4. Mais à la maîtresse
   qui m'fait un sourire,
   mais à la maîtresse
   moi, je dis toujours
   bonjour, bonjour.

La ballade des chiffres

Nach: Un, deux, trois
Bearbeitung: Hugo Blank

Bei „X" wird in die Hände geklatscht.

Bonjour, bonjour

Traditionell

2. Salut!   3. Merci!   4. Au r'voir!

Bonjour, ce petit mot d'amour

Traditionell

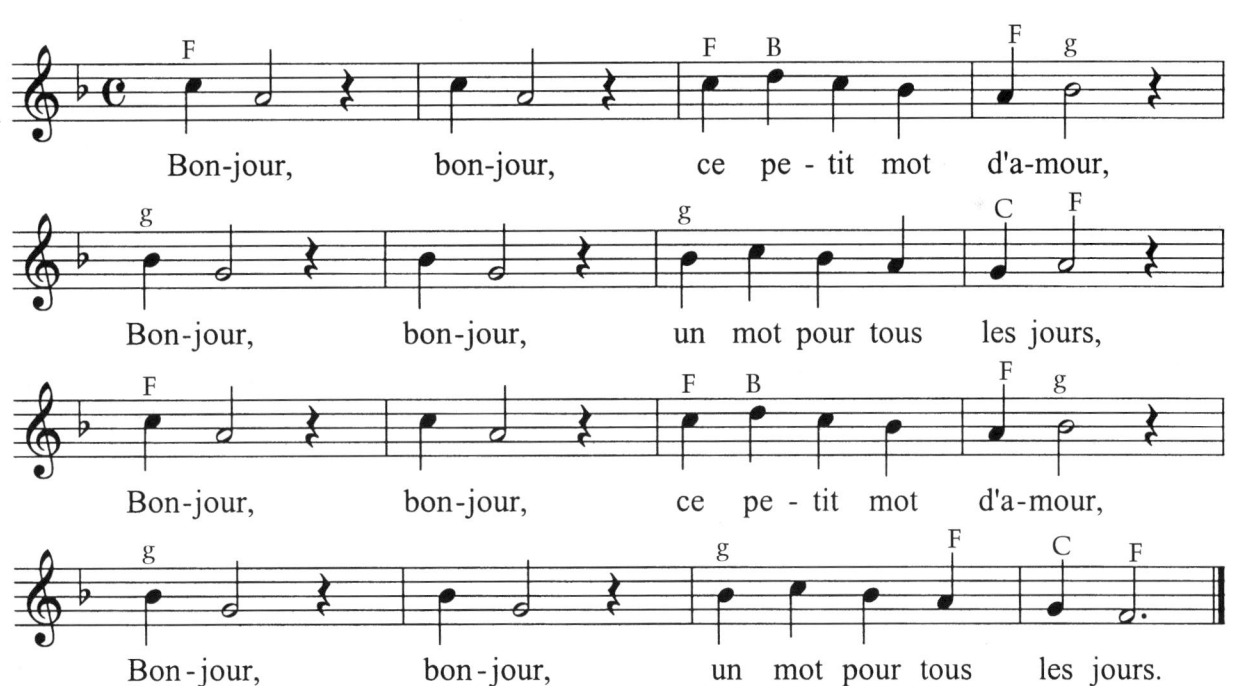

Comment tu t'appelles?

Traditionell
Bearbeitung: Michaela Sambanis
Hugo Blank

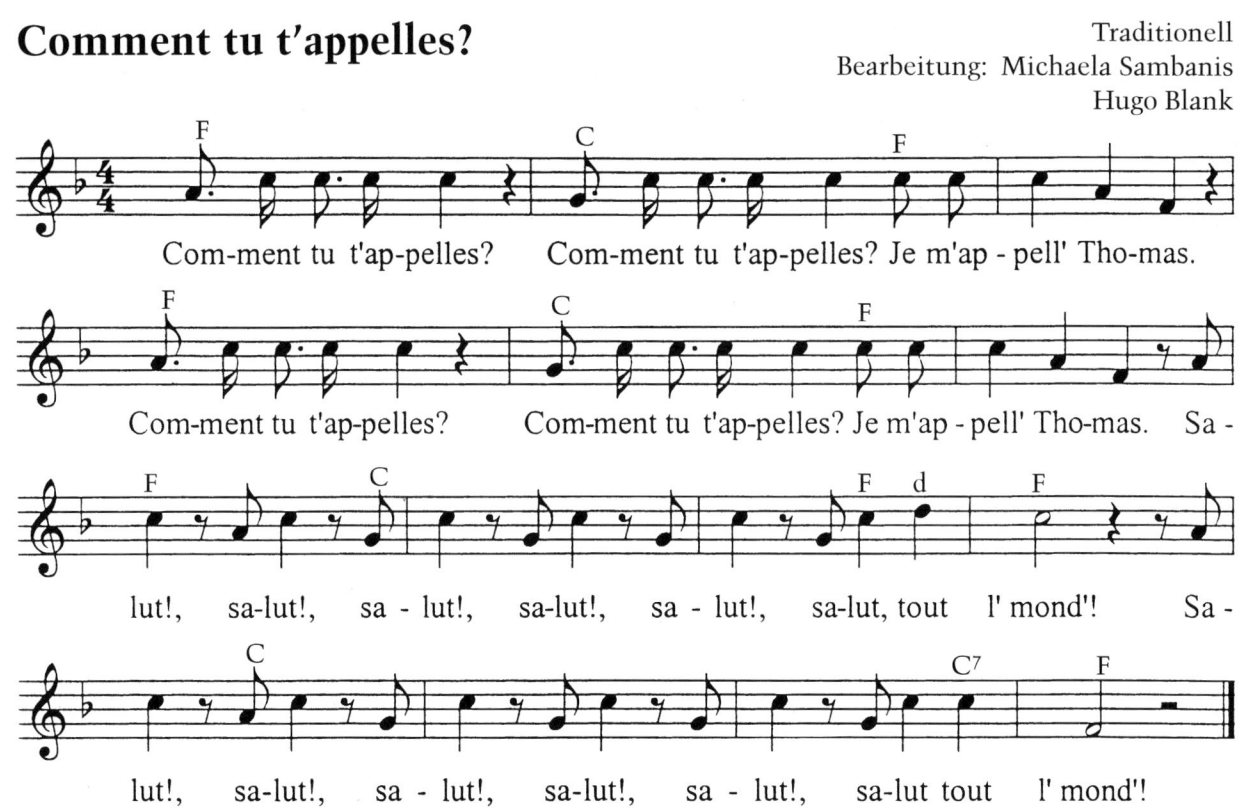

Com-ment tu t'ap-pelles? Com-ment tu t'ap-pelles? Je m'ap-pell' Tho-mas.
Com-ment tu t'ap-pelles? Com-ment tu t'ap-pelles? Je m'ap-pell' Tho-mas. Sa-lut!, sa-lut!, sa-lut!, sa-lut!, sa-lut!, sa-lut, tout l' mond'! Sa-lut!, sa-lut!, sa-lut!, sa-lut!, sa-lut!, sa-lut tout l' mond'!

Un éléphant se balançait

Traditionell

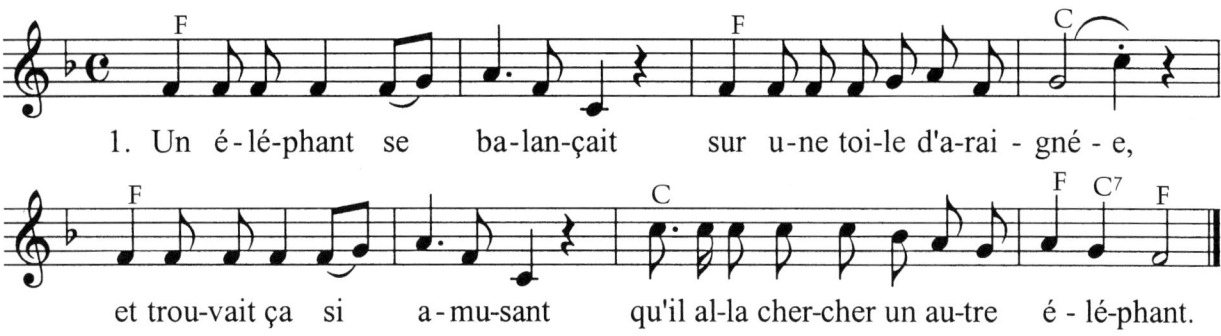

1. Un é-lé-phant se ba-lan-çait sur u-ne toi-le d'a-rai-gné-e, et trou-vait ça si a-mu-sant qu'il al-la cher-cher un au-tre é-lé-phant.

2. Deux éléphants se balançaient…
qu'ils allaient chercher un autre éléphant.

3. Trois éléphants…

Anmerkung zu Strophe 2:

Eigentlich müsste es heißen: *qu'ils allèrent chercher*.
Man sollte im Frühbeginn diese Form jedoch meiden.
Es ist dann ebenso möglich, in der ersten Strophe zu singen: *qu'il allait chercher…*

Entre le bœuf et l'âne gris

Traditionell

Melodische Variante:

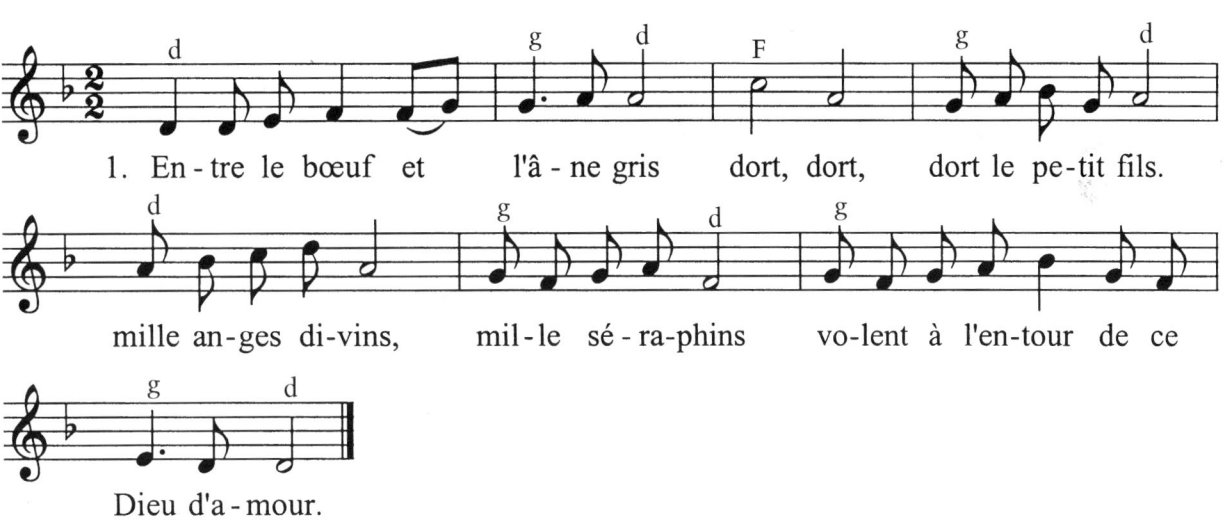

2. Entre les deux bras de Marie dort, dort…
3. Entre les roses et les lys…
4. Entre les pastoureaux jolis…

Fais dodo, Colas

Traditionell

Fais do-do, Co-las mon p'tit frè-re, fais do-do, t'au-ras du gâ-teau.

1. Ma-man est en haut, qui fait des ca-deaux, Pa-pa est en bas, qui cou-pe du bois.

Fais do-do, Co-las mon p'tit frè-re, fais do-do, t'au-ras du gâ-teau.

2. Ta sœur est en haut,
   qui joue du piano,
   ton frère est en bas,
   fait du chocolat.
   Fais dodo…

3. Ton cousin Gaston
   fait de gros bonbons,
   ta cousin' Charlott'
   fait de la compot'.
   Fais dodo…

Anmerkung:

t'auras (fam.) = *tu auras*; – statt *t'auras du gâteau* auch die Variante *t'auras du lolo* (= Milch)

Le fermier a un pré

Traditionell

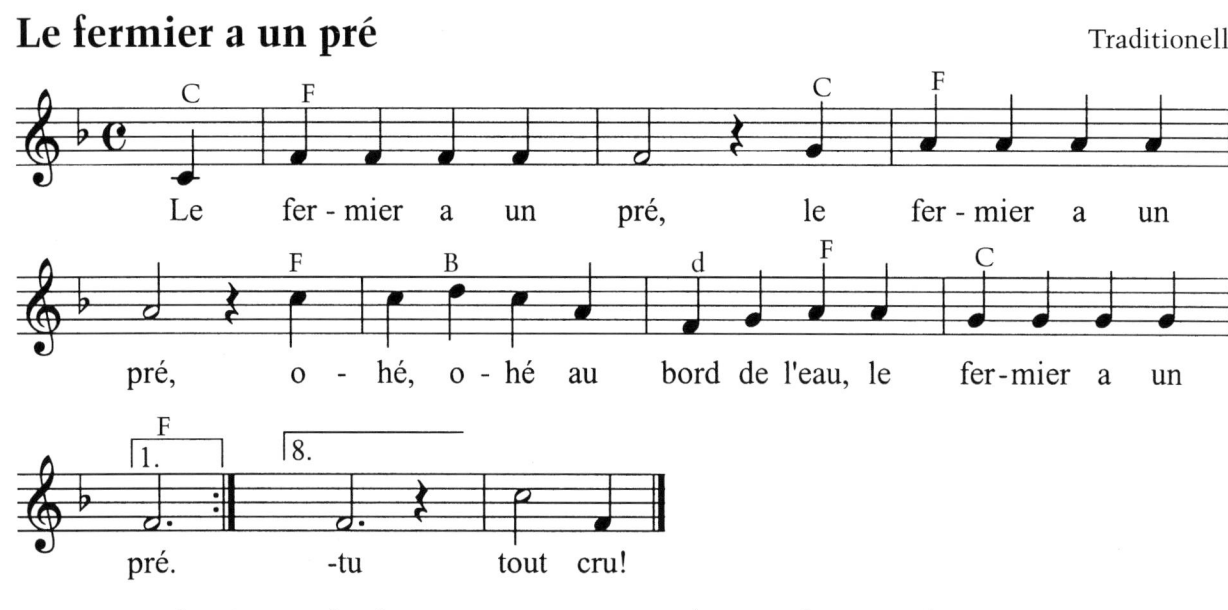

Le fer-mier a un pré, le fer-mier a un pré, o-hé, o-hé au bord de l'eau, le fer-mier a un pré. -tu tout cru!

2. Le fermier prend sa femme,
   le fermier prend sa femme,
   ohé, ohé au bord de l'eau,
   le fermier prend sa femme.

3. La femme prend son enfant…

4. L'enfant prend son p'tit frère…
5. Le frère prend son chat… [*frè-re* aussprechen]
6. Le chat prend la souris…
7. La souris prend l'fromage…
8. Le fromage est battu… – tout cru!

Anmerkung:

Prendre ist je nach Strophe in der Übersetzung anzupassen:
In 2.: nimmt sich (heiratet); – 3.: nimmt zu sich; – 4. und 5.: holt; – 6.: fängt; – 7.: stiehlt

Frère Jacques
Traditionell

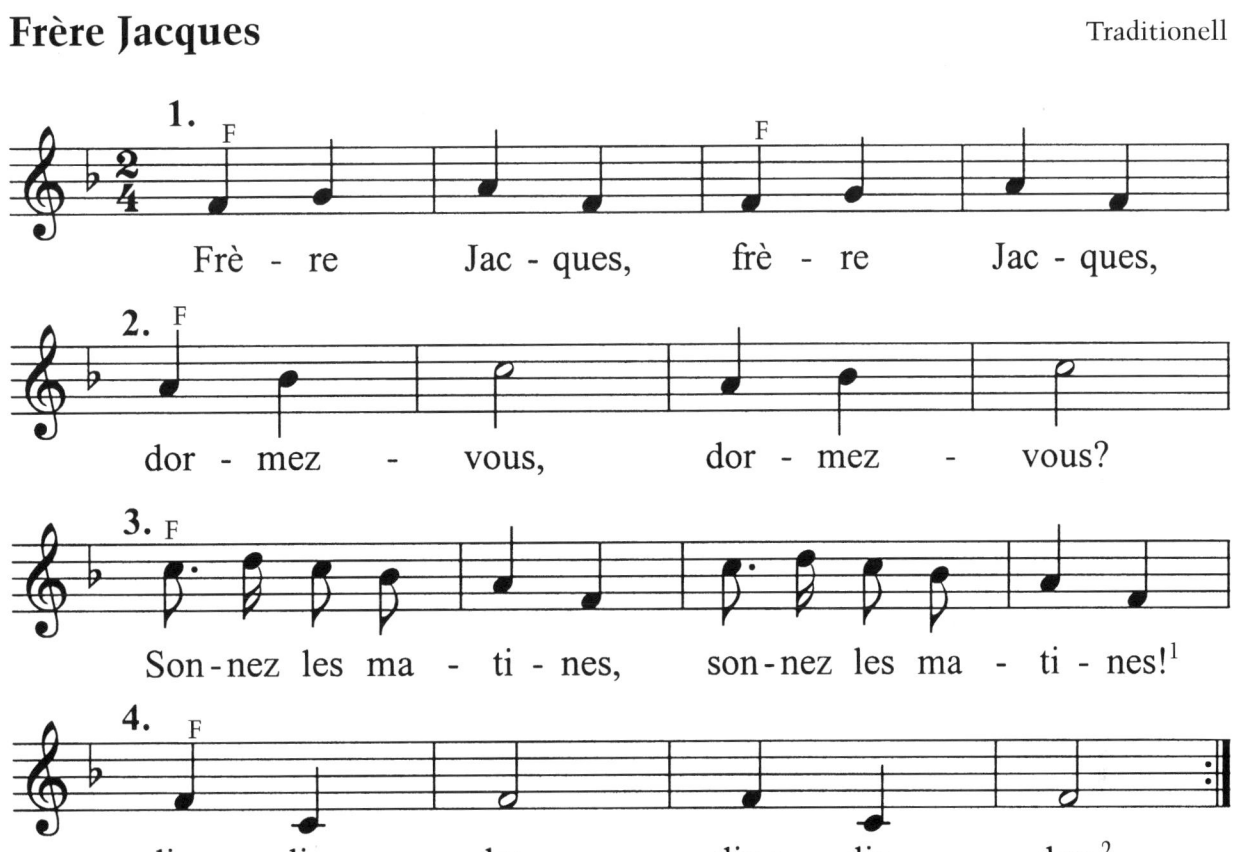

[1] les matines: die erste Frühmesse
[2] Es ist zu singen: [diŋ] [dɛ̃] [dɔ̃] und nicht „ding, däng, dong".

J'ai la fève
Traditionell

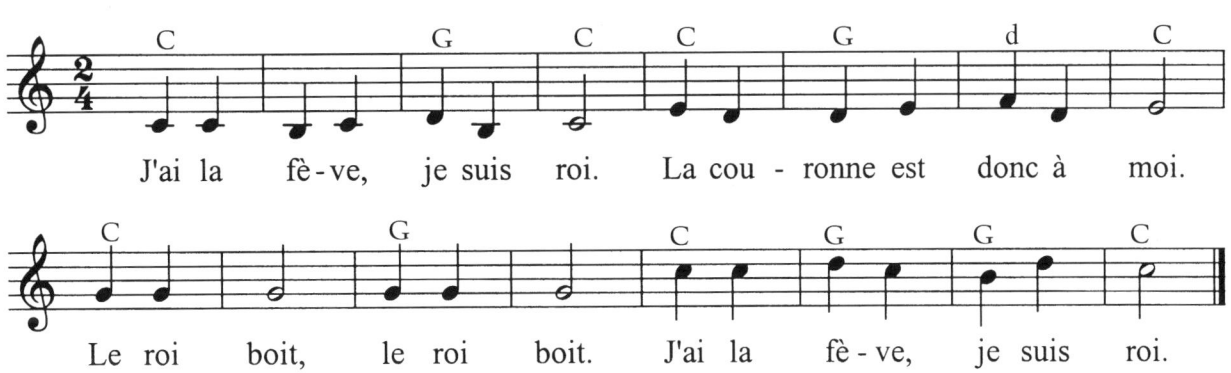

J'aime la galette

Bearbeitung: Hugo Blank

J'ai-me la ga-let-te, sa-vez-vous com-ment?
Quand elle est bien fai-te a-vec du beurre de-dans.
Tra-la la la la la la la-lè-re, tra-la la la la la la la la.
Tra-la la la la la la la-lè-re, tra-la la la la la la la.

Jean Philipot danse[1]

Traditionell
Bearbeitung: Hugo Blank

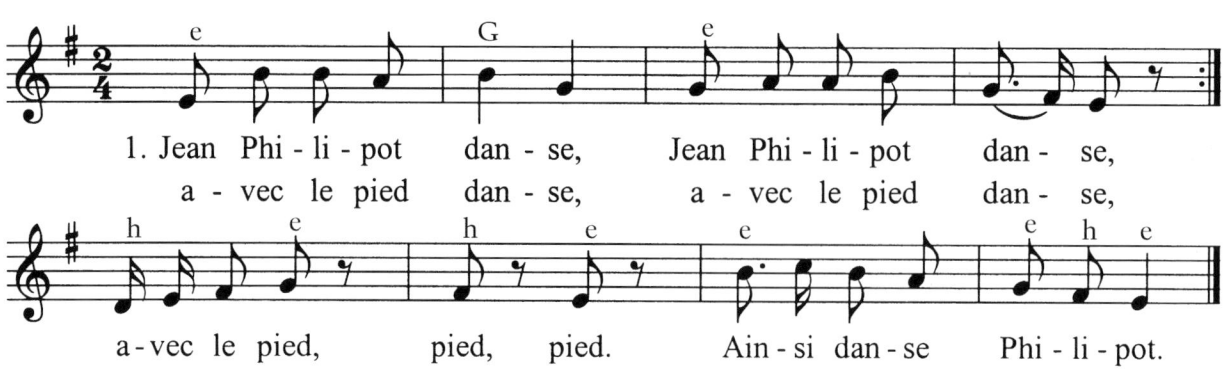

1. Jean Phi-li-pot dan-se, Jean Phi-li-pot dan-se,
   a-vec le pied dan-se, a-vec le pied dan-se,
   a-vec le pied, pied, pied. Ain-si dan-se Phi-li-pot.

2. ...avec la jamb' danse...
3. ...avec la main danse...
4. ...avec le doigt danse...
5. ...avec la têt' danse

[1] Traditionelles französisches Lied. Bearbeitet von Hugo Blank, in Anlehnung an das Lied „Jean Petit qui danse".

Joyeux anniversaire

Traditionell

Joy-eux an - ni - ver - saire, joy-eux an - ni - ver - saire, joy-eux

an - ni - ver - sai - re, joy-eux an - ni - ver - saire.

Un kilomètre à pied

Traditionell

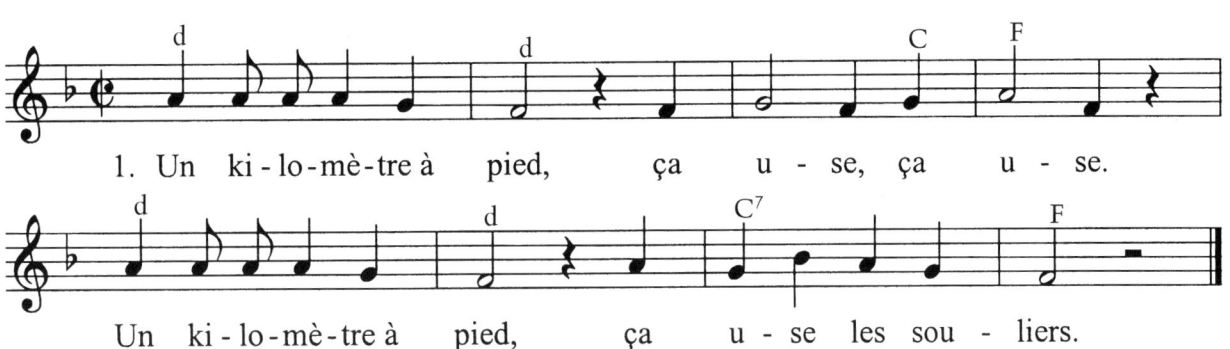

1. Un ki - lo - mè - tre à pied, ça u - se, ça u - se.

Un ki - lo - mè - tre à pied, ça u - se les sou - liers.

2. Deux kilomètres à pied …   3. Trois kilomètres à pied …
4. …

Les marionnettes

Traditionell

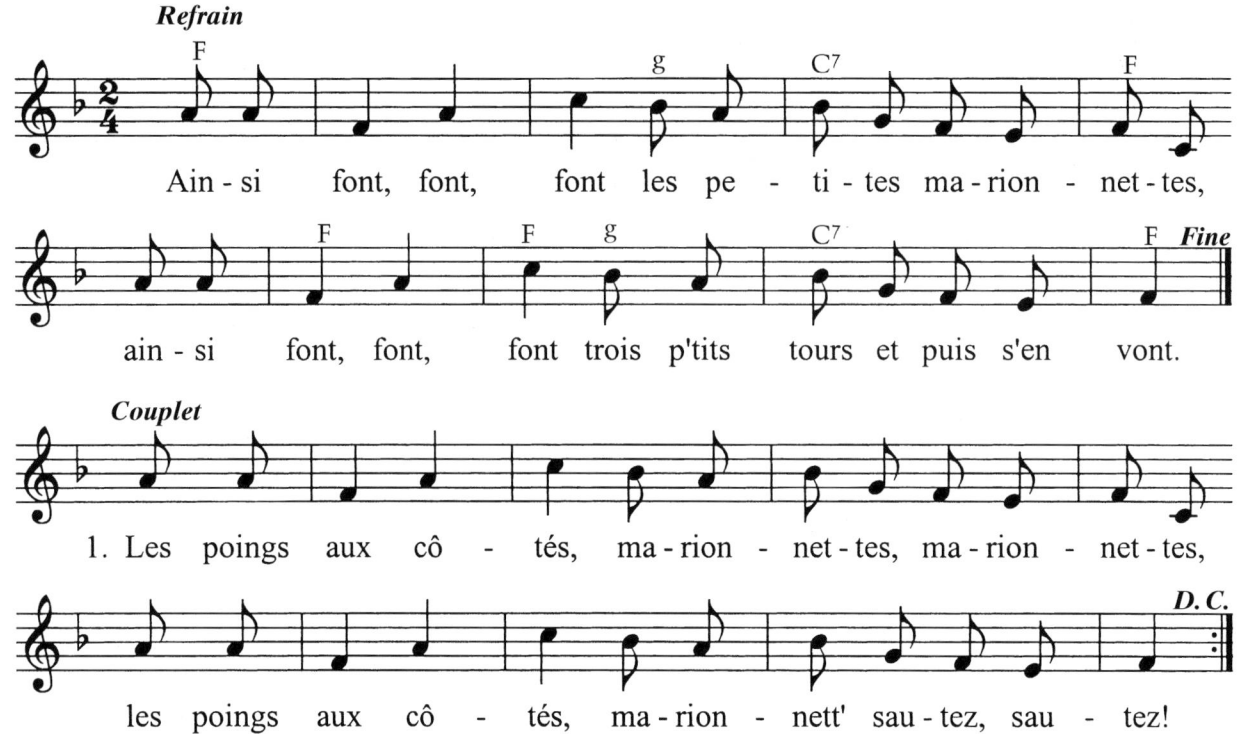

2. La taille cambrée,
   marionnettes, marionnettes,
   la taille cambrée,
   marionnett' dansez, dansez!
   Ainsi font…

3. Puis le front penché,
   marionnettes, marionnettes,
   puis le front penché,
   marionnett' saluez, saluez!
   Ainsi font…

Anmerkung:

Zum Refrain werden die Hände gedreht.

Melodische Variante:

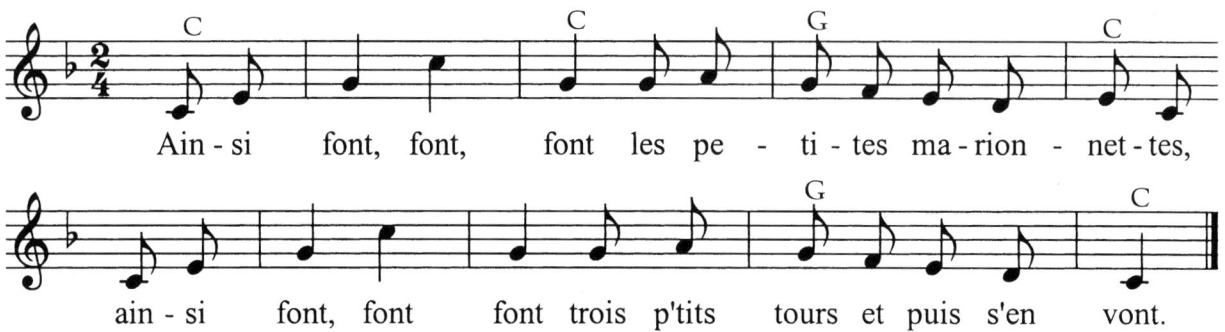

Petit escargot

Traditionell

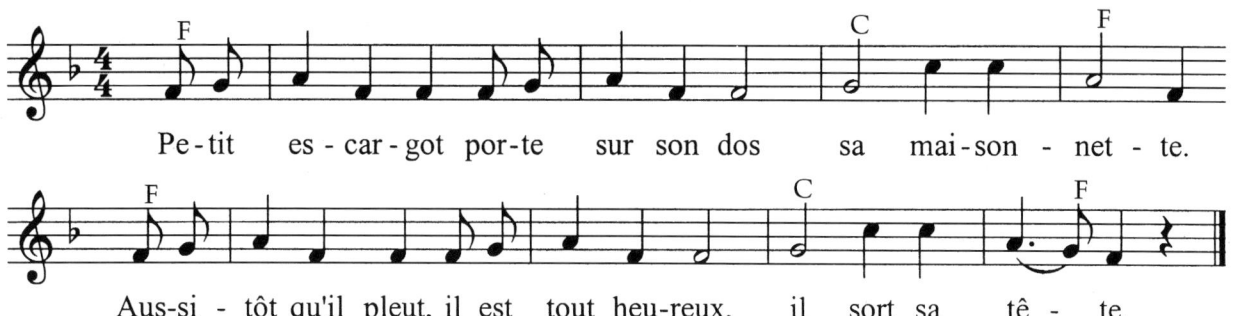

Petit escargot porte sur son dos sa maisonnette.
Aussitôt qu'il pleut, il est tout heureux, il sort sa tête.

Petit Papa Noël

Traditionell
Bearbeitung: Hugo Blank

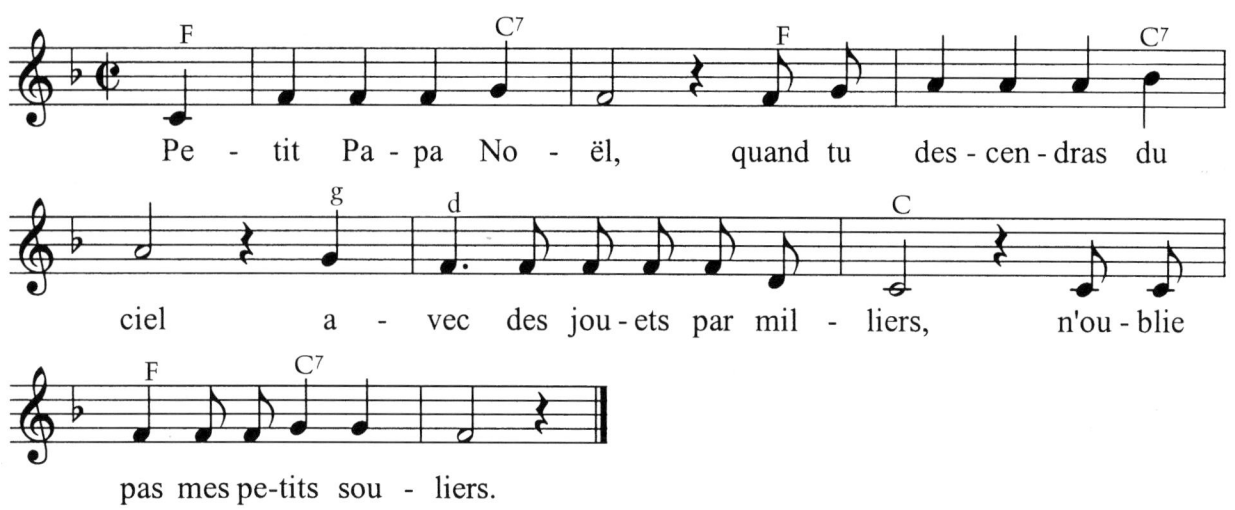

Petit Papa Noël, quand tu descendras du ciel avec des jouets par milliers, n'oublie pas mes petits souliers.

Savez-vous planter les choux?

Traditionell

1. Sa-vez-vous plan-ter les choux à la mo-de, à la mo-de, sa-vez-vous plan-ter les choux à la mo-de de chez nous?

2. On les plante avec la main,
   à la mode, à la mode,
   on les plante avec la main,
   à la mode de chez nous.

3. On les plante avec le doigt…

4. On les plante avec les bras…

5. On les plante avec le pied…

6. On les plante avec la jamb'…

7. On les plante avec le nez…

8. On les plante avec le coud'…

9. On les plante avec l'oreille…

Melodische Variante:

Sa-vez-vous plan-ter les choux à la mo-de, à la mo-de, sa-vez-vous plan-ter les choux à la mo-de de chez nous?

Si tu as de la joie au cœur

Traditionell

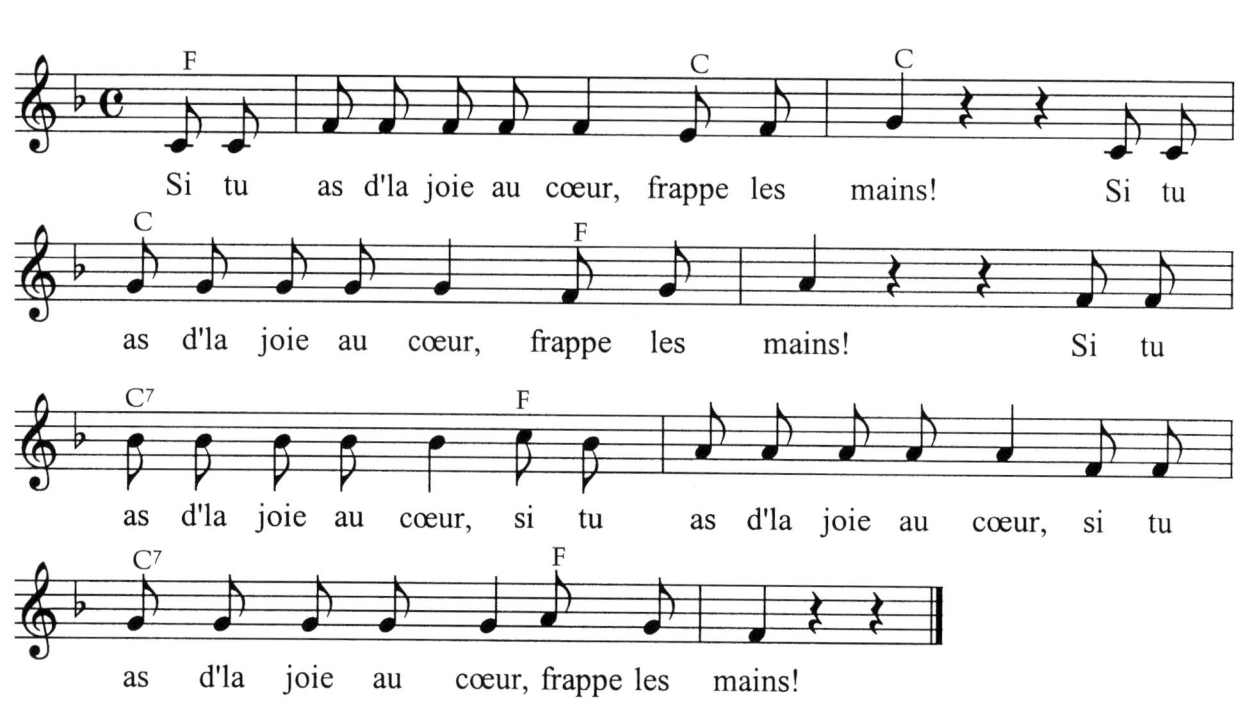

Si tu as d'la joie au cœur, frappe les mains! Si tu as d'la joie au cœur, frappe les mains! Si tu as d'la joie au cœur, si tu as d'la joie au cœur, si tu as d'la joie au cœur, frappe les mains!

Sur le pont d'Avignon

Traditionell

Sur le pont d'A-vi-gnon l'on y dan-se, l'on y dan-se tous en rond.

1. Les beaux Mes-sieurs font comm' ça, et puis en-cor' comm' ça. (mit Verbeugung)

    2. Les belles dam's font comm' ça … (mit Hofknicks)
    3. Les officiers font comm' ça … (militärischer Gruß)
    4. Et les chasseurs font comm' ça … (Gewehr anlegen)
    5. Les bons amis font comm' ça … (Accolade < = *faire la bise* >)
    6. Les p'tits bébés font comm' ça … (Handküsschen)

Quellenverzeichnis

Lieder:

- *La ballade des chiffres* (un, deux, trois), Le français en chantant by Vincent Heuzé, Jean-Christophe Delbende, © Editions Didier, Paris, 1992
- *Au marché*, Melodie Henri Destraz © Mille-Pattes Sarl Edition, Echandens; Text Henri Destraz © Henri Destraz

Jederzeit optimal vorbereitet in den Unterricht?